essentials

essentials liefern aktuelles Wissen in konzentrierter Form. Die Essenz dessen, worauf es als „State-of-the-Art" in der gegenwärtigen Fachdiskussion oder in der Praxis ankommt. *essentials* informieren schnell, unkompliziert und verständlich

- als Einführung in ein aktuelles Thema aus Ihrem Fachgebiet
- als Einstieg in ein für Sie noch unbekanntes Themenfeld
- als Einblick, um zum Thema mitreden zu können

Die Bücher in elektronischer und gedruckter Form bringen das Expertenwissen von Springer-Fachautoren kompakt zur Darstellung. Sie sind besonders für die Nutzung als eBook auf Tablet-PCs, eBook-Readern und Smartphones geeignet. *essentials:* Wissensbausteine aus den Wirtschafts-, Sozial- und Geisteswissenschaften, aus Technik und Naturwissenschaften sowie aus Medizin, Psychologie und Gesundheitsberufen. Von renommierten Autoren aller Springer-Verlagsmarken.

Weitere Bände in der Reihe http://www.springer.com/series/13088

Roland Eckert

Disruptive Business Imitation – Neun Beschleuniger zum kreativen Imitieren disruptiver Geschäftsmodelle

Roland Eckert
Hochschulzentrum Düsseldorf
FOM Hochschule für Oekonomie &
Management
Düsseldorf, Deutschland

ISSN 2197-6708 ISSN 2197-6716 (electronic)
essentials
ISBN 978-3-658-24701-0 ISBN 978-3-658-24702-7 (eBook)
https://doi.org/10.1007/978-3-658-24702-7

Die Deutsche Nationalbibliothek verzeichnet diese Publikation in der Deutschen Nationalbibliografie; detaillierte bibliografische Daten sind im Internet über http://dnb.d-nb.de abrufbar.

Springer Gabler

Springer Gabler ist ein Imprint der eingetragenen Gesellschaft Springer Fachmedien Wiesbaden GmbH und ist ein Teil von Springer Nature
Die Anschrift der Gesellschaft ist: Abraham-Lincoln-Str. 46, 65189 Wiesbaden, Germany

Was Sie in diesem *essential* finden können

Der digitale Hyperwettbewerb zeichnet sich durch einen datenbasierten Wettbewerb um Marktanteile und einen innovationsorientierten Wettbewerb um Chancenanteile aus. Dabei gewinnt der innovationsorientierte Wettbewerb um Chancenanteile an Bedeutung. Hier wird dann häufig betont, dass Unternehmen die eigenen Produkte und Geschäftsmodelle selbst pro-aktiv, innovativ und disruptiv attackieren müssten.

Im Wettbewerb um Chancenanteile geht es aber nicht nur um Innovationen, sondern zunehmend auch um kreative Imitationen vorhandener Produkte und Geschäftsmodelle des Wettbewerbs in der Branche bzw. Wettbewerbsarena. Auf diese unternehmerische Herausforderung der Geschäftsmodellimitation (Disruptive Business Imitation) konzentriert sich das vorliegende Management *essential* mit den nachfolgend genannten inhaltlichen Schwerpunkten:

- Darstellung des digitalen Hyperwettbewerbs als datenbasierter Markt- und innovationsorientierter Chancenanteilswettbewerb als Grundlage für Innovationen und Imitationen,
- Darstellung allgemeiner Überlegungen zu Produktinnovation und Produktimitation sowie Geschäftsmodellinnovation und Geschäftsmodellimitation,
- Darstellung der Überlegungen von Christensen zu disruptiven Produktinnovationen (mit teilweise anschließender (operativer) Geschäftsmodellinnovation) als Beispiel für ein klassisches eindimensionales Innovationsmanagement,

- Darstellung von grundlegenden Überlegungen zu disruptiven Produkt- und Geschäftsmodellimitationen im Rahmen eines multidimensionalen Innovationsmanagements,
- Ableitung von neun Beschleunigern für ein Disruptive Business Imitation Management. Hier geht es dann um die Darstellung eines ausgewogenen Maßes zwischen der Imitation des Geschäftsmodellkerns und der Innovation von Nutzenkriterien und des erweiterten Geschäftsmodellkerns (operatives Geschäftsmodell).

Vorwort

Der digitale Hyperwettbewerb zeichnet sich durch einen digitalen und datenbasierten Wettbewerb um Marktanteile und einen innovationsorientierten Wettbewerb um Chancenanteile aus. Dabei gewinnt der innovationsorientierte Wettbewerb um Chancenanteile weiter an Bedeutung. Hier wird dann auch häufig betont, dass die Unternehmen die eigenen Produkte und Geschäftsmodelle selbst pro-aktiv, innovativ und disruptiv attackieren müssten. Hier geht es dann häufig um vermeintliche disruptive Geschäftsmodellinnovationen („Disruptive Business Innovation"). *Aus unserer Sicht müsste man in den meisten Fällen aber eher von disruptiven Geschäftsmodellimitationen („Disruptive Business Imitation") von vorhandenen disruptiven Geschäftsmodellen sprechen.* Genau auf das Thema der *disruptiven Geschäftsmodellimitation* und einem *möglichen Vorgehensmodell* fokussiert dieses Management *essential* kurz und prägnant. Ich wünsche den Lesern deshalb eine interessante und informative Lektüre.

Düsseldorf
im Oktober 2018

Prof. Dr. Roland Eckert

Inhaltsverzeichnis

Über den Autor

Dr. Roland Eckert ist Professor an der FOM Hochschule für Ökonomie und Management, der größten privaten Hochschule Deutschlands, und ein Autor und Vordenker für die unternehmerischen Herausforderungen im digitalen Hyperwettbewerb. Er hat in den letzten Jahren eine Vielzahl von Büchern im genannten Schwerpunkt veröffentlicht, die teilweise auch ausgezeichnet wurden (z. B. Business Innovation Management als eines der besten acht Innovationsbücher 2017 vom Murmann Verlag). Zusätzlich ist er Mitglied des Fachbeirats von Return – Magazin für Transformation und Turnaround. Er veröffentlicht regelmäßig Beiträge und Kommentare in namhaften Fachmagazinen (u. a. return, FAZ-Personalmagazin).

Kontaktinformationen:

Prof. Dr. Roland Eckert
Hochschulzentrum Düsseldorf
E-Mail: roland.eckert@fom.de
www.hyperwettbewerb.com

1 Hyperwettbewerb: datenbasierter Markt- und innovationsorientierter Chancenanteilswettbewerb

Der Begriff des Hyperwettbewerbs geht auf den US-amerikanischen Managementforscher D'Aveni (1995) zurück und steht für eine zunehmende Dynamisierung des Wettbewerbsgeschehens. Diese zunehmende Wettbewerbsdynamik hat zur Folge, dass bekannte Unternehmen immer schneller durch neue Wettbewerber verdrängt werden.

In unseren Überlegungen kann im digitalen Hyperwettbewerb zwischen einem datenbasierten Wettbewerb um Marktanteile und einem innovationsorientierten Wettbewerb um Chancenanteile unterschieden werden. Dabei kann der Wettbewerb um Marktanteile auch als Wettbewerb um die Gegenwart beschrieben werden. Der Wettbewerb um Chancenanteile ist ein Wettbewerb um die Zukunft eines Unternehmens (vgl. Eckert 2017, 2018).

1.1 Datenbasierter Hyperwettbewerb um Marktanteile

Der Wettbewerb um Marktanteile kann als *Wettbewerb um die Gegenwart* bezeichnet werden. Im Wettbewerb um die Gegenwart ist der Marktanteil der wesentliche Erfolgsmaßstab für ein Unternehmen. Folgt man früheren Überlegungen von Eckert (2014, S. 57), dann geht es im Wettbewerb um Marktanteile insbesondere darum, die eigene Unternehmensperformance zu verbessern. Dies verdeutlicht, warum im Wettbewerb um Marktanteile die bekannten strategischen Programme (z. B. Restrukturierung, Performanceverbesserung), die Digitalisierung von Prozessen oder auch die digitale Transformation eines Unternehmens von besonderer Bedeutung sind.

R. Eckert, *Disruptive Business Imitation – Neun Beschleuniger zum kreativen Imitieren disruptiver Geschäftsmodelle*, essentials,
https://doi.org/10.1007/978-3-658-24702-7_1

Grundsätzlich geht es im Wettbewerb um Marktanteile dann immer um die strategische Positionierung eines Unternehmens. In Anlehnung an Porter (1997) lässt sich die strategische Positionierung auf der Grundlage der produktvarianten-, bedarfs- und zugangsbezogenen Positionierung weiter spezifizieren.

Aus der erfolgreichen strategischen Positionierung und der damit einhergehenden strategischen Differenzierung zum Wettbewerb entsteht letztendlich ein strategischer Wettbewerbsvorteil. Unter einem strategischen Wettbewerbsvorteil wird eine „im Vergleich zum Wettbewerb überlegene Leistung" verstanden, die drei Kriterien erfüllen muss: Die Leistung muss Parameter betreffen, die für die Kunden wichtig sind. Dieser Vorteil in den Leistungsparametern muss von den Kunden wahrgenommen werden. Zusätzlich muss sicher sein, dass der Vorteil in den Leistungsparametern von den Wettbewerbern nicht schnell eingeholt werden darf, d. h. der Vorteil muss eine gewisse Dauerhaftigkeit aufweisen (vgl. Eckert 2018, S. 13 f.).

Im neuen *datenbasierten Hyperwettbewerb um Marktanteile* ist dem Streben nach strategischen Wettbewerbsvorteilen nun ein Streben um strategische Informationsvorteile (in Echtzeit) vorgelagert (vgl. Eckert 2018, S. 16). Durch einen strategischen Informationsvorteil ist ein Unternehmen bestrebt, eine *Superior Information Position* im datenbasierten Wettbewerb um Marktanteile aufzubauen (vgl. Abb. 1.1). In diesem Sinn halten Alberts et al. (2005) dann auch fest: „(t)he objective is to leverage

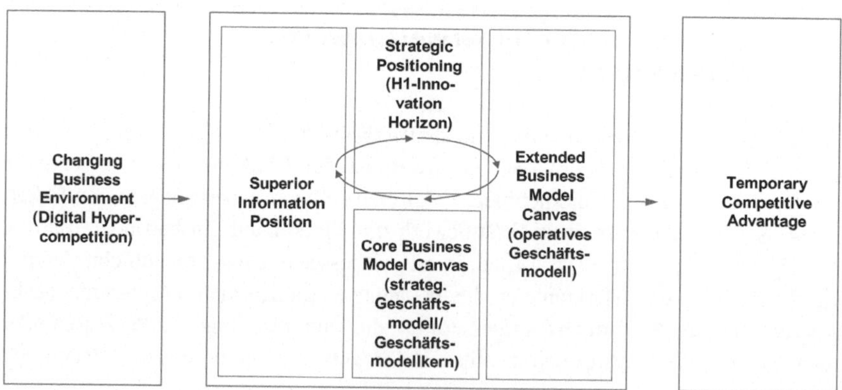

Abb. 1.1 Vom strategischen Informationsvorteil über die strategische Positionierung zum (temporären) strategischen Wettbewerbsvorteil. (Eigene Abbildung)

this superior information position to create and maintain a competitive advantage. *Information Superiority* is a state that is achieved when a competitive advantage is derived from the ability to exploit a superior information position."

Um einen strategischen Informationsvorteil zu erreichen, versuchen Unternehmen z. B. zunehmend Kundendaten zu verarbeiten und auszuwerten, „um neue Erkenntnisse über Kaufmuster und sonstige Aspekte des Verbraucherverhaltens zu gewinnen" (McGovern und Quelch 2005).

1.2 Innovationsorientierter Hyperwettbewerb um Chancenanteile

Für einen nachhaltigen Erfolg im digitalen Hyperwettbewerb ist die bisher vorherrschende Fokussierung auf den Wettbewerb um Marktanteile nicht mehr ausreichend. So wird zunehmend der Wettbewerb um Chancenanteile und damit der *Wettbewerb um die Zukunft* für Unternehmen erfolgsrelevant. Es geht hier dann zusätzlich um das Suchen von (Zukunfts-)Chancen und um den proaktiven Aufbau von Opportunitäten. Im Wettbewerb um Chancenanteile geht es somit um die strategische Überlegenheit eines Unternehmens (vgl. Eckert 2014, S. 57).

▶ Im digitalen Hyperwettbewerb muss sich ein Unternehmen zukünftig insbesondere auf den Wettbewerb um Chancenanteile konzentrieren, ohne jedoch den datenbasierten Marktanteilswettbewerb zu vernachlässigen. Nur durch einen Erfolg im Marktanteilswettbewerb kann der Wettbewerb um Chancenanteile finanziert werden. Nur durch einen Erfolg im Chancenanteilswettbewerb ist ein weiterer Erfolg im Marktanteilswettbewerb durch eine zukünftige strategische Überlegenheit letztendlich aber erst (weiter) möglich.

Der Begriff des Wettbewerbs um Chancenanteile geht in unserem Verständnis deutlich über den bekannten Begriff des Innovationswettbewerbs hinaus. Während in der klassischen Sicht des Innovationswettbewerbs insbesondere inkrementelle Innovationen und auch Prozessinnovationen zur Stärkung der eigenen strategischen Positionierung und Differenzierung genutzt wurden, *drückt der Wettbewerb um Chancenanteile nun aus, dass sich ein Unternehmen zunehmend in einem Wettbewerb um die intellektuelle Führung und damit in einem Wettbewerb um die strategische Überlegenheit befindet* (vgl. Abb. 1.2).

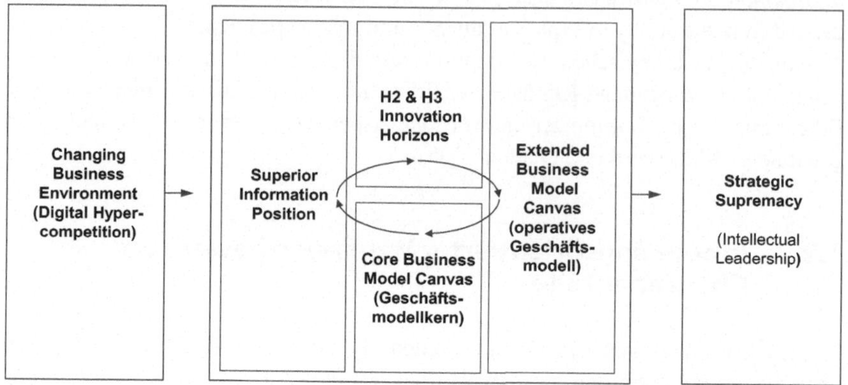

Abb. 1.2 Vom strategischen Informationsvorteil zur strategischen Überlegenheit. (Eigene Abbildung)

▶ Eine intellektuelle Führung entsteht aus unserer Sicht aber nur dann, wenn es einem Unternehmen gelingt, die vorherrschenden Spielregeln in einer Branche regelmäßig zu verändern und damit zum bestimmenden Spieler in einer Branche oder in einer Wettbewerbsarena zu werden und zu bleiben. Unternehmen müssen sich deshalb zunehmend mit den Möglichkeiten von Innovation und Imitation auseinandersetzen.

Innovation und Imitation 2

Die Fokussierung auf den Wettbewerb um Chancenanteile bei z. B. Google oder Amazon hat dazu geführt, dass auch andere Unternehmen zunehmend auf den Wettbewerb um Chancenanteile fokussieren (vgl. Eckert 2014, 2017, 2018). Erfolgreich im Wettbewerb um Chancenanteile ist ein Unternehmen aber erst, wenn es erfolgreich Innovationen vorantreibt. Vor diesem Hintergrund soll das Thema der Innovation in diesem Abschnitt aufgegriffen und vertieft werden, bevor daran anschließend der Begriff der Imitation im Mittelpunkt steht.

2.1 Produktinnovation und -imitation

Im betriebswirtschaftlichen Kontext werden Innovationen als Ideen bezeichnet, „die von einer bestimmten Gruppe als neu wahrgenommen und als nützlich erkannt werden" (Bergmann 2000, S. 19). Damit zeichnen sich Innovationen zunächst durch einen *Nutzen* für den Anwender eines Produkts oder einer Dienstleistung aus. Zusätzlich muss eine Innovation eine Form der *Neuigkeit* (Originalität) für den Anwender des Produkts oder der Dienstleistung aufweisen. Schließlich muss eine Innovation aber auch eine bestimmende *Eigenschaft* (z. B. Funktionalität, Qualität) besitzen (vgl. Disselkamp 2012, S. 18 f.):

An den Innovationsbegriff anschließend können verschiedene Innovationsarten unterschieden werden. Bekannt ist hierbei z. B. die Unterscheidung zwischen Produktinnovationen (neue Produkte), Prozessinnovationen (neue Prozesse), marktmäßigen Innovationen (neue Märkte bzw. neue Kundengruppen), strukturellen Innovationen (neue Arbeits- und Organisationsstrukturen) oder auch kulturelle Innovationen (neue Beziehungsgefüge in Organisationen) (vgl. Disselkamp 2012, S. 21 ff.).

R. Eckert, *Disruptive Business Imitation – Neun Beschleuniger zum kreativen Imitieren disruptiver Geschäftsmodelle,* essentials,
https://doi.org/10.1007/978-3-658-24702-7_2

In einer weiteren Perspektive unterscheidet Sommerlatte (2001, S. 31 f.) zwischen inkrementellen Innovationen (auch: erhaltende Innovationen), strategischen Innovationen (auch: erweiternde Innovationen) und Durchbruchinnovationen (auch: disruptive Innovationen). Inkrementelle Innovationen zeichnen sich dadurch aus, dass sie nur geringfügige Verbesserungen an den bestehenden Produkten und Dienstleistungen erzeugen. Dabei entstehen durch die geringfügigen Veränderungen aber durchaus Nutzenvorteile für die Anwender.

Strategische Innovationen fokussieren im Allgemeinen auf neue oder veränderte Nutzenkriterien und damit auf neue Problemlösungen für den Anwender. Demgegenüber gehen von Durchbruchinnovationen umwälzende Veränderungen in einer Branche aus. Durchbruchinnovationen eröffnen gänzlich neue Möglichkeiten für neue Geschäftsfelder oder in neuen oder bestehenden Wettbewerbsarenen. Ein wesentliches Element der Durchbruchinnovationen ist es, dass die Bedürfnisse von Kunden auf eine vollkommen neue Art und Weise befriedigt werden (vgl. Disselkamp 2012, S. 19 f.).

In einer weiteren Betrachtung unterscheiden Foster und Kaplan (2004, S. 137 ff.) zwischen inkrementellen, substanziellen und transformatorischen Innovationen. Foster und Kaplan sprechen hier auch von drei Innovationsebenen: Auf der höchsten Innovationsebene finden sich die transformatorischen Innovationen, die mit einer „unwiderruflichen Veränderung in der Vorgehensweise“ in Verbindung gebracht werden können. Auf der zweiten Innovationsebene finden sich die substanziellen Innovationen. Substanzielle Innovationen sorgen für weniger Überraschungen; dennoch verändern die substanziellen Innovationen die bestehende Wettbewerbsordnung. Auf der dritten Innovationsebene finden sich die inkrementellen Innovationen.

Im Zusammenhang mit den genannten Innovationsebenen stellen Foster und Kaplan (2004, S. 139) dann fest, dass sich substanzielle Innovationen oftmals zehnmal so stark positiv auswirken wie inkrementelle Innovationen. Gleichzeitig sind die möglichen Risiken aber auch zehnmal so hoch. Transformatorische Innovationen sind wiederum zehnmal größer als substanzielle Innovationen. Die transformatorischen Innovationen greifen massiv in die Wettbewerbsordnung ein (vgl. Abb. 2.1).

Auch George et al. (2005, S. 23 ff.) haben versucht, verschiedene Innovationsarten zu beschreiben. So unterscheiden die Autoren zwischen „sustaining innovations“ und „disruptive innovations“. Dabei bauen „sustaining innovations“ auf im Unternehmen vorhandenem technologischen Wissen und auf einer bestehenden Produkt-Markt-Strategie auf und erzeugen somit nur moderate oder inkrementelle Produktveränderungen. Diese Art der Innovation ist im Allgemeinen nur mit geringen Risiken verbunden und kann deshalb auch schnell durch den Wettbewerb

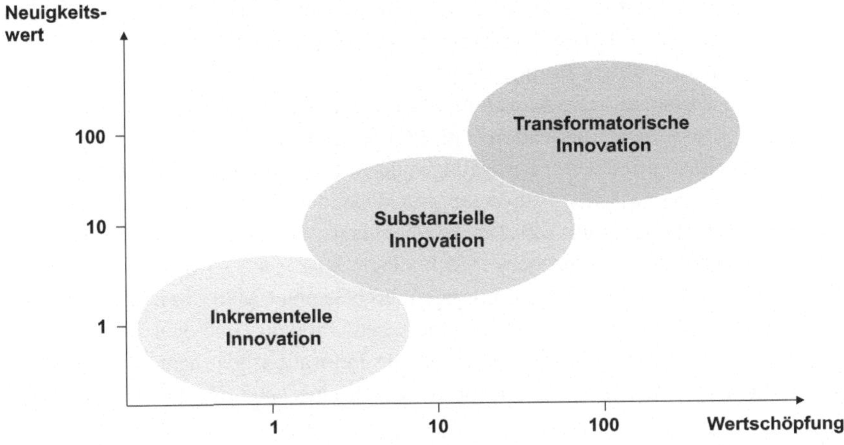

Abb. 2.1 „Richterskala" der Innovationen. (Eigene Abbildung in Anlehnung an Foster und Kaplan 2004, S. 139)

kopiert werden. Hier halten George et al. (2005, S. 24) dann ergänzend fest, dass inkrementelle Innovationen insbesondere auf die Bestandskunden abzielen, die bestehende strategische Positionierung stärken und in der Nachfrage relativ stabil prognostizierbar sind.

Demgegenüber basieren disruptive Innovationen auf neuen Technologien und auf neuen strategischen Kompetenzen, fokussieren auf neue Kundengruppen und werden teilweise auch das bestehende Angebotsportfolio eines Unternehmens kannibalisieren. Demzufolge fokussieren etablierte Unternehmen insbesondere auf inkrementelle Innovationen, während disruptive Innovationen insbesondere für neue Wettbewerber von Interesse sind.

Zusätzlich zu diesen allgemeinen Überlegungen haben weitere Autoren versucht, die technologische Perspektive stärker in die Betrachtung von Innovationen einzuarbeiten. Gerade die technologische Perspektive scheint im Kontext der Digitalisierung bzw. im Kontext des digitalen Hyperwettbewerbs von Bedeutung zu sein. In dieser ergänzenden technologischen Perspektive wird unter einer Innovation dann eine wirtschaftliche Deckung des Kundenbedarfs durch neue technische Produkte und/oder Verfahren bzw. die technische Umsetzung einer neuen Produkt- oder Prozesstechnologie in neue Anwendungs- und Verwendungsgebiete verstanden (vgl. Pfeiffer et al. 1997). Dabei bezieht sich der Neuigkeitsgrad immer auf die einzelne Unternehmensebene.

Innovationen müssen also neuartig sein, wobei Neuartigkeit sich auf den Bereich der wirtschaftlichen Anwendung einerseits und/oder auf den Bereich der technologischen Problemlösungen andererseits beziehen kann. Erst durch eine erfolgreiche wirtschaftliche Anwendung wird eine (technologische) Invention zu einer (technologischen) Innovation (vgl. Pfeiffer et al. 1997, S. 12 ff.).

Vor dem Hintergrund dieser Festlegungen unterscheidet Pfeiffer in der sogenannten Innovationsmatrix zwischen Anwendungsinnovationen, Potenzialinnovationen und Lateralen Innovationen (vgl. Abb. 2.2). Wird ein neuer Markt bzw. ein neuer Kundenbedarf mit einer schon vorhandenen Technologie bearbeitet, so handelt es sich um eine Anwendungsinnovation. Wird hingegen ein bekannter Markt bzw. ein bekannter Kundenbedarf mit einem neuen (technologischen) Produkt bearbeitet, so handelt es sich um eine Potenzialinnovation. Eine laterale Innovation liegt dann vor, wenn ein neuer Markt bzw. ein neuer Kundenbedarf durch eine neue Technologie bearbeitet wird.

Eine weitere technologiebasierte Unterscheidung findet sich bei Henderson und Clark (1990). Die beiden Autoren bringen das Produkt und dessen Komponenten mit dem Innovationsbegriff in Verbindung. Im Mittelpunkt der verschiedenen

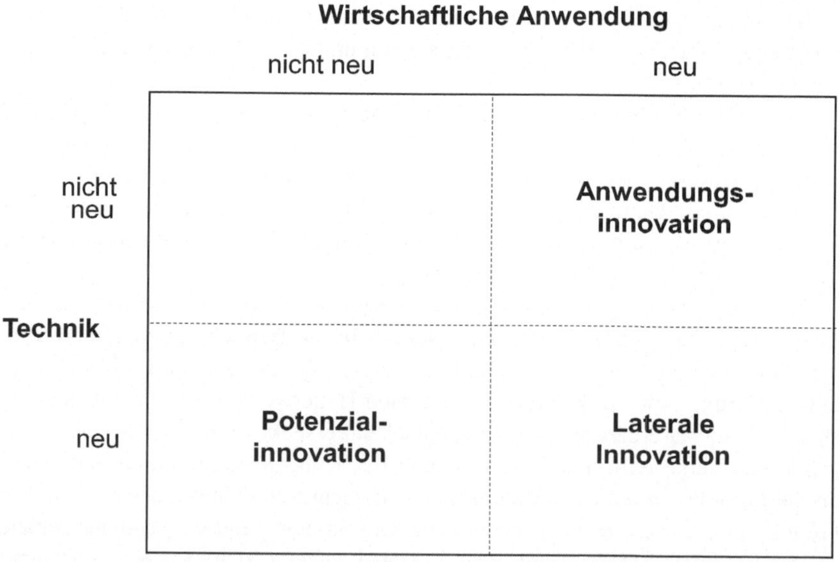

Abb. 2.2 Innovationsmatrix. (Eigene Abbildung in Anlehnung an Pfeiffer 1980)

Innovationsarten steht somit zum einen die Verbesserung der einzelnen (Kern-) Bauteile eines Produkts und zum anderen die Verbesserung der Verbindung (Kopplung) zwischen den einzelnen (Kern-)Bauteilen. Aus dieser Unterscheidung ergeben sich dann incremental innovations, modular innovations, architectural innovations sowie radical innovations (vgl. Abb. 2.3). Nach Henderson und Clark werden die bekannten incremental innovations und radical innovations somit durch modular innovations und architectural innovations ergänzt. Bei den modular innovations stehen Bauteilinnovationen im Mittelpunkt, d. h. innovativ verbesserte Bauteile werden bei unveränderter Verbindung miteinander verbunden. Daneben existieren noch die architectural innovations, bei der die unveränderten (Kern-) Bauteile durch innovativ veränderte technische Verbindungen miteinander verknüpft werden.

Von der Innovation getrennt ist die Imitation. Unter einer *Imitation* kann allgemein und in Anlehnung an die Innovationsarten eine zeitlich nachverlagerte Kopie oder Imitation der ursprünglichen Neuigkeit verstanden werden, die mehr oder weniger dem Original entspricht. In diesem Zusammenhang halten Valdani und Arbore (2007, S. 199 f.) dann beschreibend mit dem besonderen Fokus auf Produktimitationen weiter fest:

Linkage between Core Concepts and Components	**Core Concepts**: Reinforced	**Core Concepts**: Overturned
Unchanged	**Incremental Innovation**	**Modular Innovation**
Changed	**Architectural Innovation**	**Radical Innovation**

Abb. 2.3 Innovationstypen nach Henderson und Clark. (Eigene Abbildung in Anlehnung an Henderson und Clark 1990, S. 12)

In this sense, we have:

- *clones*: legal copies of the original product, but sold under the brand name of the imitator. In some cases the clone stands out because the quality is higher than that of the original product or the price is much lower (…).
- *marginal imitations*: it is possible to imitate an innovation by modifying marginal elements, developing different design, reconfiguring the product, using new alternative materials or using different manufacture processes. (…)
- *incremental imitation (…)*: in this case the imitator enters a developing market with a significant technological contribution thereby innovating and overtaking the pioneer innovator. (…)
- *creative imitation*: they define the most innovative copy of the pioneer product. In this case the imitator makes some changes in the original concept, with the aim of creating *new applications* for the pioneer product to meet the needs of new customer segments or to enter new markets or new sectors (kursiv im Original).

Gleichzeitig betonen die beiden Autoren, dass sich Imitationen nicht nur auf Produkte beschränken müssen. So können sich Imitationen auch auf Strategien, Organisationsmodelle und auch auf Prozesse beziehen. Hier gilt es jedoch festzuhalten, dass Produkte im Allgemeinen leichter zu kopieren sind als z. B. Prozesse (vgl. Valdani und Arbore 2007, S. 200). So basieren Prozesse z. B. stärker auf internem Wissen, welches für Außenstehende schwieriger zu entschlüsseln ist.

Im Kontext von Innovation und Imitation geht es auch immer um die Frage der Bedeutung von Pioniervorteilen. Dabei existieren unterschiedliche Studienergebnisse zu den Vor- und Nachteilen einer sogenannten Pionierstrategie bzw. einer entsprechenden Nachfolgerstrategie. So können Pionierunternehmen z. B. Kostenvorteile durch den bekannten Erfahrungskurveneffekt erzielen. Höhere Marktanteile und höhere Absatzmengen führen in diesem Fall zu günstigeren Stückkosten. Zusätzlich können sich Pionierunternehmen ausgewählte knappe Ressourcen (z. B. Beziehungen zu Lieferanten oder Vertriebspartnern) frühzeitig sichern und durch Patente und Schutzrechte die Verfahrensabläufe oder Produktdetails absichern. Schließlich besteht die Möglichkeit, dass ein Pionierunternehmen durch den Zeitvorteil in die Lage versetzt wird, die technologischen Standards einer Branche zu setzen bzw. zumindest entscheidend zu beeinflussen. Von großer Bedeutung sind natürlich auch die Image- und Reputationsgewinne eines Pionierunternehmens. Zusammenfassend kann man somit festhalten, dass der Erfolg oder Misserfolg eines Pionierunternehmens von einigen wesentlichen Rahmenbedingungen bestimmt wird. So können z. B. fehlende rechtliche Grundlagen zum Schutz von geistigem Eigentum den Erfolg von Pionierunternehmen beschränken. Auch die Wettbewerbsstärke von Kundenunternehmen, die auf den Aufbau eines zweiten oder dritten Lieferanten drängen, hat Auswirkungen auf den Erfolg eines möglichen Pionierunternehmens. Zusätzlich kann auch die Möglichkeit des Aufbaus von Eintrittsbarrieren den Erfolg eines Pionierunternehmens unterstützen. Gleichzeitig gibt es auch zunehmend Stimmen, welche herauszustellen versuchen, dass die Vorteile von Nachfolgern aufgrund von Globalisierung und einem zunehmend dynamischem Wettbewerb wachsen.

Somit ist die Situation eines Pionierunternehmens im Allgemeinen nicht dauerhaft unangreifbar. So können Nachfolger durchaus von den erkennbaren Erfahrungen des Pionierunternehmens profitieren. In diesem Sinn kann ein Nachahmer (…)

- *learn from the mistakes of the innovator* and not spend their resources on developing products without market potential and instead draw on the experience of others, i.e. their products and services which better meet the needs and benefits expressed by customers;
- *avoid or reduce financial efforts* which are instead *sustained by the first mover during the initial phases of their research and development and in system engineering;*
- *focus attention on resources on the development of the technological process* instead of focusing on the technology of the product or service, and in doing so improve both quality and production efficiency;
- avoid the trap of inertia innovators may fall into where they are less inclined to make improvements and incremental moves to the innovation;
- *avoid costs for customer education and awareness* of new products, which are instead sustained by the innovator;
- *take advantage of experience gained in other markets*. These ease of an imitator entering a new market also depends on the experience and knowledge gained in the manufacture and sales of products related or near the innovation. These experiences, technologies, of marketing and reputation increase the ability and speed reaction to the initiative of the first mover;
- also have *more freedom of movement*, attempting to change the rules of the competition game set by the innovator. Because of the size and resources available, the pioneer is often forced to cater to a certain market segment. Later developments in demand may create new opportunities for later entrants, who may take up more desirable and attractive positions and invest in all the other segments of the market that are not covered and guarantee large scale volumes (Valdani und Arbore 2007, S. 202 f.).

2.2 Geschäftsmodellinnovation und -imitation

Neben der klassischen Betrachtung von Produktinnovationen und Produktimitationen kommen zunehmend auch Geschäftsmodellinnovationen und damit natürlich auch Geschäftsmodellimitationen in den Betrachtungsfokus.

Der *Begriff des Geschäftsmodells* geht auf erste Veröffentlichungen in den 1950er-Jahren zurück. Vor dem Hintergrund haben sich eine Vielzahl von Begriffsdefinitionen und -abgrenzungen herausgebildet. Betrachtet man insbesondere die deutschsprachige Literatur, so wird häufig zwischen den technologieorientierten, den organisationsorientierten und den strategieorientierten Geschäftsmodellansätzen unterschieden (vgl. Eckert 2014, S. 63 ff.).

Im Mittelpunkt der *technologieorientierten Geschäftsmodellperspektive* wird das Geschäftsmodell als operatives Werkzeug zur Systemmodellierung verstanden. Die Zielsetzungen der technologieorientierten Ansätze liegen somit in der Reduzierung der Komplexität der IT (vgl. Hedmann und Kalling 2002, S. 113) und in der Verbesserung der Unternehmensperformance durch das Erzeugen von Wettbewerbsvorteilen auf der Prozessebene von Unternehmen (vgl. Afuah und Tucci 2003, S. 3 f.).

Mit der *organisationsorientierten Geschäftsmodellperspektive* wird diese enge technologieorientierte Verbindung des Geschäftsmodells zum Informationssystem eines Unternehmens teilweise aufgelöst. Während es bei den technologieorientierten Ansätzen insbesondere um eine integrierte Prozess- und Technologieperspektive geht, steht in den organisationsorientierten Überlegungen das Geschäftsmodell als abstrakte Repräsentation der Wertschöpfungsarchitektur eines Unternehmens im Mittelpunkt (vgl. Wirtz 2011, S. 51 ff.). Damit werden die Verbesserung der operativen Performance und der operativen Steuerung zu den wesentlichen Zielen der organisationstheoretischen Geschäftsmodellansätze. Aus diesem Grund wird in den organisationstheoretischen Ansätzen dann auch häufig vom „operativen Geschäftsmodell" bzw. dem „operating business model" (vgl. Treacy und Wiersema 1997; Lindner und Cantrell 2000) gesprochen.

In der *strategieorientierten Geschäftsmodellperspektive* zeichnen sich die strategischen Geschäftsmodellansätze insbesondere durch den Bezug auf die „Value Creation Logic" und die „Meta Core Competencies" aus. Damit wird deutlich, dass die organisationstheoretischen und die strategieorientierten Geschäftsmodellansätze in ihren Bemühungen der Beschreibung der Kernlogik der Wertschaffung eines Unternehmens sehr eng miteinander verbunden sind.

In einer *weiteren Geschäftsmodellklassifizierung* unterscheiden Morris et al. (2003) zwischen ökonomischen, operativen und strategischen Geschäftsmodellansätzen. Während die *ökonomische Perspektive* nur auf das ökonomische Gewinnmodell fokussiert, verbindet die *operationale Perspektive* dieses Gewinnmodell mit der Wertschöpfungsarchitektur bzw. mit dem Wertschöpfungsmodell, d. h. dem Prozess- und Infrastrukturmodell eines Unternehmens. Im Zusammenhang mit dem *strategischen Geschäftsmodell* geht es bei Morris et al. dann insbesondere um die strategische Positionierung gegenüber den Wettbewerbern, die definierten Grenzen der eigenen unternehmerischen Tätigkeit und die Wachstumspotenziale des Unternehmens.

Diese verschiedenen Überlegungen zugrunde legend unterscheidet Eckert (2017, S. 48 ff.) zwischen *fünf verschiedenen Geschäftsmodellperspektiven:*

- In den *ökonomischen Ansätzen* geht es primär um die Gestaltung des Gewinn- bzw. Ergebnismodells eines Unternehmens.
- In den *organisationsorientierten Ansätzen* steht in der Erweiterung der ökonomischen Perspektive die Wertschöpfungsarchitektur eines Unternehmens im Mittelpunkt. Hier geht es dann insbesondere um einzelne Teile eines Geschäftsmodells bzw. um einzelne Teile der operativen Wertschöpfungsarchitektur, wie z. B. den Kundensegmenten, dem Partnermodell, dem Preismodell, dem Erlösmodell, dem Channel-Modell oder dem Prozessmodell.
- In den *technologischen Ansätzen* geht es dann mehr um die Gestaltung und Nutzung von Technologieplattformen und damit insbesondere auch um die (technologische) Plattformgeschäftsmodellebene. Auch hier kommen, ähnlich den organisationsorientierten Ansätzen, Teile der Plattform-Wertschöpfungsarchitektur in den Fokus.
- Die *strategischen Ansätze* wiederum fokussieren auf die strategischen Fähigkeiten (strategische Kompetenzen und strategische Prozesse), das Markenimage (in Verbindung zum Produktmarkenimage/Kundennutzen), die strategischen Ressourcen und die Geschäftslogik eines Unternehmens. In den strategischen Ansätzen geht es in unserem Verständnis dann insbesondere um die Gestaltung des Geschäftsmodellkerns (Business Model Prototype) eines Unternehmens.
- In den *integrierten Geschäftsmodellansätzen* werden die vorangestellten Perspektiven dann miteinander verbunden und es entsteht ein integriertes Bild vom Geschäftsmodell eines Unternehmens.

Nach Eckert (2014, 2017, 2018) ist ein Geschäftsmodell immer ein integriertes Geschäftsmodell, welches sich mindestens aus einem strategischen Geschäftsmodell, dem Geschäftsmodellkern, einem operativen Geschäftsmodell, dem erweiterten Geschäftsmodellkern, und einem ökonomischen Geschäftsmodell, dem Kosten- und Erlösmodell zusammensetzt. Im digitalen Wettbewerb muss dieses klassische Geschäftsmodell um ein technologisches Geschäftsmodell im Sinne einer strategischen Ressource ergänzt werden (vgl. Abb. 2.4).

In den Zeiten eines digitalen Hyperwettbewerbs verlagert sich das Interesse zunehmend von der Geschäftsmodellbeschreibung und der Geschäftsmodellinnovation zum Begriff der Geschäftsmodellinnovation. Hier stellen z. B. Labbé und Mazet (2005, S. 897 f.) fest, dass eine Geschäftsmodellinnovation eine oder

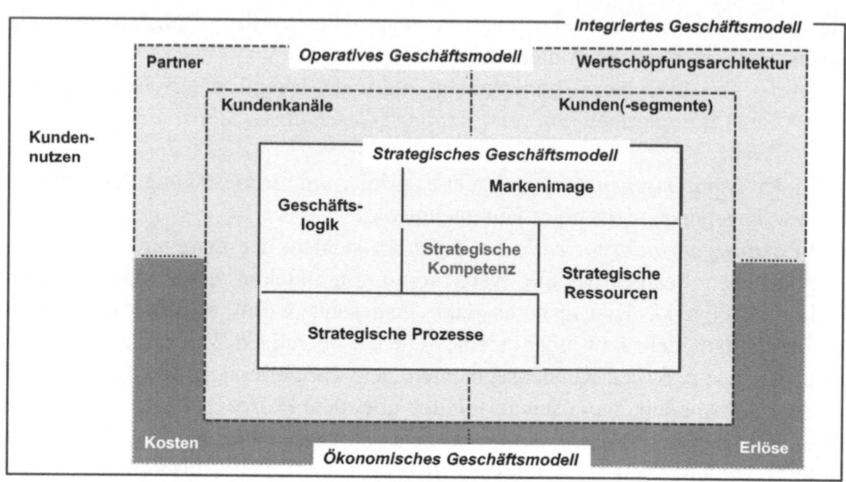

Abb. 2.4 Integrierte Geschäftsmodelle. (Eigene Abbildung)

mehrere Dimensionen eines Geschäftsmodells verändert, sodass eine neuartige Konfiguration der Elemente eines Geschäftsmodells entsteht und umgesetzt wird.

Auch Stähler (2002, S. 52) hat in diesem Zusammenhang festgestellt, dass Geschäftsmodellinnovationen zum einen dazu dienen, in einer bestehenden Industrie die Art und Weise der Wertschöpfung zu verändern, um ein bestehendes Bedürfnis von Kunden zu befriedigen. Zum anderen können Geschäftsmodellinnovationen aber auch bewusst in entstehenden, neuartigen Märkten eingesetzt werden, um überhaupt diese Märkte erschließen zu können (vgl. vertiefend auch Eckert 2014, S. 63 ff.).

Gerade im Zusammenhang mit dem Interesse an Geschäftsmodellinnovationen entsteht – durchaus analog zu den bereits bekannten Überlegungen zu Produktimitationen – auch ein Interesse am Begriff der Geschäftsmodellimitation. Auch hier handelt es sich um eine zeitlich nachverlagerte Kopie eines ursprünglich neuen Geschäftsmodells, welches häufig weitestgehend dem Geschäftsmodelloriginal entspricht.

Nimmt man an dieser Stelle wieder Bezug auf die vorher bereits genannte Unterscheidung von Valdani und Arbore (2007, S. 199 f.), so sind eine Vielzahl der Geschäftsmodellimitationen „Clones", die im Kontext von Geschäftsmodellen dann „Copycats" genannt werden. So werden hier die erfolgreichen Geschäftsmodelle in einer weitgehend unveränderten Weise von den Nachahmern kopiert.

Die Bedeutung dieser sogenannten Copycats hat insbesondere im Kontext der digitalen Geschäftsmodelle deutlich zugenommen. So halten z. B. Seung-Hyun et al. (2016) fest, dass mehr als 60 % der jungen Entrepreneure vorhandene Geschäftsmodelle im digitalen Hyperwettbewerb imitieren. So hat z. B. AirBnB über 500 Imitator-Webseiten identifiziert, die in einer Region oder in einem Land ein entsprechendes Angebot und damit ein entsprechendes Geschäftsmodell entwickelt haben (vgl. Ivy 2016, S. 6). Diese Möglichkeit der Imitation im digitalen Hyperwettbewerb kann in Anlehnung an Hagiu und Rothman (2016) wie folgt kurz beschrieben werden:

> Once marketplaces reach a critical inflection point, network effect kick in and growth follows an exponential, rather than linear trajectory. These network effects also create barriers to entry: (…)
>
> *The winning marketplace is the first one to figure out how to enable mutually beneficial transactions between suppliers and buyers – not the first one out of the gate* (Kursiv durch den Verfasser).

Sogenannte Plattformgeschäftsmodelle bieten sich als Ausgangsbasis für Geschäftsmodellimitationen aus unserer Sicht geradezu an. Dies liegt darin begründet, dass eine Plattform bzw. ein Marktplatz, um zu gewinnen, grundsätzlich eine genügend große Anzahl von Marktteilnehmern auf beiden Seiten der Plattform (z. B. Produzenten bzw. Anbieter und Nachfrager) voraussetzt. So macht es für die Marktteilnehmer letztendlich nur dann Sinn, sich auf einer Plattform zu engagieren, wenn eine entsprechend hohe Zahl von Teilnehmern dort (bereits) aktiv ist. Dieses Problem wird auch als sogenanntes „Henne-Ei-Problem" bezeichnet (vgl. Eckert 2018, S. 193 ff.). Genau das Henne-Ei-Problem begünstigt aber die genannte Geschäftsmodellimitation. So muss das Pionierunternehmen im digitalen Hyperwettbewerb das Henne-Ei-Problem meist nicht nur einmal, sondern regelmäßig in verschiedenen Ländern, Regionen oder auch Städten lösen.

Disruptive Innovation 3

Der Begriff der Disruption hat im Zusammenhang mit der zunehmenden Digitalisierung im Hyperwettbewerb an Bedeutung gewonnen. So wird häufig empfohlen, dass Unternehmen das eigene Geschäftsmodell disruptiv angreifen sollen, bevor dies der Wettbewerb übernimmt. Vor diesem Hintergrund soll der Begriff der Disruption hier aufgenommen und im Kontext von Produkt- und Geschäftsmodellinnovation näher betrachtet werden (vgl. Abb. 3.1).

3.1 Disruptive Produktinnovation (nach Christensen)

Der Begriff der disruptiven Innovation wurde von Clayton Christensen (1997) geprägt und begrifflich eng definiert. Dabei schließt Christensen grundsätzlich durchaus an die bereits genannten Innovationsarten an. Gleichzeitig interpretiert er die Bedeutung dieser Innovationsarten jedoch neu (vgl. Bower und Christensen 2008). So unterscheidet Christensen zwischen Innovationen auf der Basis von „disruptive technologies" (disruptive Technologien) und Innovationen auf der Basis von „sustaining technologies" (erhaltenden Technologien).

Unter dem Begriff der sustaining technologies *werden technologische Neuerungen verstanden, welche die Leistungsparameter von vorhandenen Produkten verbessert.* Es werden somit keine neuen Leistungsparameter bzw. Nutzenkriterien geboten. In diesem Kontext stellt Christensen ausdrücklich fest, dass sustaining technologies nicht nur inkrementeller, sondern durchaus auch radikaler Natur sein können. Wesentlich ist bei Christensen nicht die Art der technologischen Innovation bzw. der hieraus resultierenden Produktinnovation, sondern die Art bzw. der Umfang der Nutzenveränderung am Produkt.

R. Eckert, *Disruptive Business Imitation – Neun Beschleuniger zum kreativen Imitieren disruptiver Geschäftsmodelle,* essentials,
https://doi.org/10.1007/978-3-658-24702-7_3

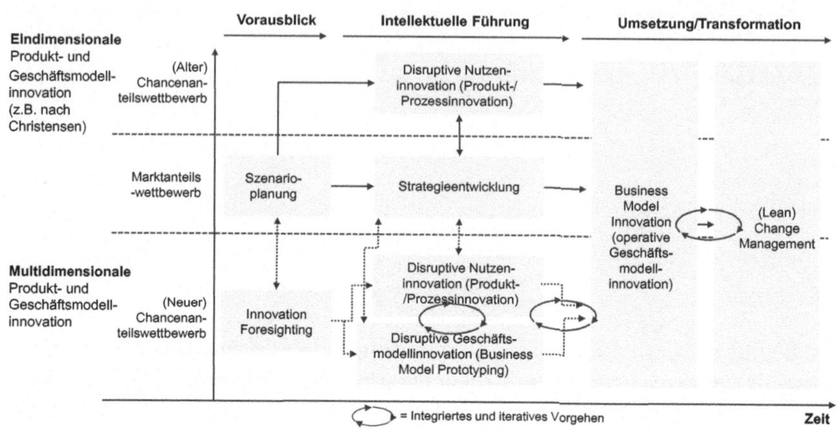

Abb. 3.1 Ein- und multidimensionale Produkt- und Geschäftsmodellinnovation im Überblick – von linearen und eindimensionalen zu multidimensionalen Innovationen. (Eigene Abbildung)

Demgegenüber sind disruptive technologies im Verständnis von Christensen *neue Technologien, deren Leistungsparameter in der Sicht der Mehrzahl der Kunden eines Unternehmens zunächst schlechtere Leistungsparameter aufweisen. Gleichzeitig gilt aber auch, dass die neue Technologie in anderen Leistungsparametern, die die bestehenden Kunden jedoch (derzeit) noch nicht honorieren, bessere Leistungsparameter bieten.* Zusätzlich hat Christensen festgestellt, dass die neuen Produkte, die auf den Einsatz von disruptiven Technologien basieren, in der Regel günstiger, einfacher, kleiner und/oder insgesamt benutzerfreundlicher sind.

Entsprechend den Ergebnissen von Christensen kann man festhalten, dass die neuen Leistungsparameter, die noch außerhalb der Anforderungen der Bestandskunden von etablierten Unternehmen sind, im Allgemeinen von preissensitiven Kundensegmenten oder von Kundensegmenten in neuen Marktnischen am unteren Ende der bestehenden Märkte nachgefragt werden. Den Zusammenhang zwischen inkrementellen und disruptiven Innovationen nach Christensen kann man in der nachfolgenden Abbildung verdeutlichen (vgl. Abb. 3.2).

In Anlehnung an die Ergebnisse von Christensen hat Raynor (2011) festgestellt, *dass sich aus den technologischen Veränderungen letztendlich auch Veränderungen im Geschäftsmodell ergeben (können). In der Konsequenz bedeutet dies, dass aus der Nutzeninnovation oder der (veränderten oder neuen technologischen) Leistungsfähigkeit auch Veränderungen im Geschäftsmodell eines Unternehmens notwendig sein können.*

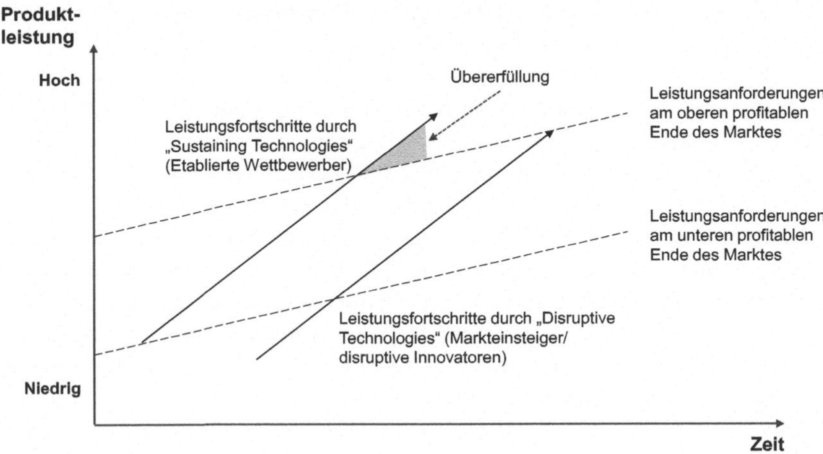

Abb. 3.2 Inkrementelle und disruptive Innovation nach Christensen. (Eigene Abbildung in Anlehnung an Christensen et. al. 2016, S. 69)

In der Sichtweise von Christensen und Raynor gilt darauf aufbauend dann weiter, dass die erzeugten Wettbewerbsvorteile aus der Nutzeninnovation auch dann noch gelten, wenn das Unternehmen höhere Marktsegmente und auch anspruchsvollere Kunden erschließt (vgl. Wessel und Christensen 2013, S. 23). Als Beispiel für eine derartige disruptive (Produkt-)Innovation im Sinne von Christensen werden dann häufig das iPhone von Apple oder auch der Personal Computer (PC) genannt.

Disruptive (Produkt-)Innovationen am Beispiel von Apple iPhone (vgl. auch Christensen et al. 2016, S. 70)

Das *iPhone von Apple* stellte bei seiner Einführung in der Sichtweise von Christensen nur eine inkrementelle (Produkt-)Innovation im Markt für Smartphones dar. Das Gerät wandte sich an die gleichen Zielgruppen wie die etablierten Wettbewerber. Der Verkaufserfolg war auf die besondere Nutzerfreundlichkeit und das Markenimage von Apple zurückzuführen. Damit wird aber deutlich, dass Christensen die Nutzeninnovation bei der Beurteilung in den Mittelpunkt stellt.

Zusammenfassend kann man in Anlehnung an Christensen (vgl. u. a. Christensen et al. 2016, S. 68 ff.) dann wie folgt festhalten:

- Disruptiv ist eine technologische Innovation dann, wenn sie einem Pfad vom Rand zur Mitte des Marktes folgt. Dabei beginnt eine disruptive Innovation im Allgemeinen als Experiment im Kleinen. Damit ist eine disruptive Innovation kein momentanes Ereignis, sondern ein kontinuierlicher Prozess.
- Disruptive technologische (Produkt-)Innovationen haben in vielen Fällen auch Auswirkungen auf das Geschäftsmodell eines entsprechenden Unternehmens. Dieses Geschäftsmodell zeichnet sich dadurch aus, dass es in Teilen anders ist als die Geschäftsmodelle der etablierten Wettbewerber. In unserem Verständnis betrifft dies dann das operative Geschäftsmodell (Kundenkanäle, Partnerunternehmen, etc.) eines Unternehmens.
- Zudem gilt bei disruptiven Innovationen, dass diese mit hohen Risiken verbunden sind und nicht notwendigerweise mit einer höheren Wahrscheinlichkeit zu einem wirtschaftlichen Erfolg führen. So stellen Christensen et al. (2016, S. 71) dann auch fest, dass in den 1990er-Jahren eine Mehrzahl von Onlinehändlern disruptive Wege einschlugen und doch nur wenige dieser Onlinehändler erfolgreich waren.
- Ganz in diesem Sinne kann dann zusammenfassend in Anlehnung an Raynor (2011) festgehalten werden, dass „the theory of disruptive (von Christensen, R.E.) is a demand-side theory of customer dependence and competitive reaction in product markets, not a supply-side theory". *Auch dies verdeutlicht noch einmal den eindimensionalen Fokus auf Nutzeninnovationen, die durch operative Geschäftsmodellinnovation ergänzt werden können.*

In einer ergänzenden Betrachtung haben Wessel und Christensen (2013) dargestellt, wie etablierte Unternehmen auf disruptive technologische Innovationen reagieren sollten: Hierzu ist zunächst zu analysieren, welche Nutzenvorteile ein Herausforderer über die Produkte und/oder Dienstleistungen den Kunden anbietet. Im Anschluss daran ist zu ermitteln, ob und wie diese Nutzenvorteile beim Aufstieg in höhere Marktsegmente mitgenommen werden können. Hier bieten sich dann letztendlich fünf Schwerpunktfragen an, die das Management eines etablierten Unternehmens beantworten muss:

- *Trägheit der Kunden:* Wie stark sind die Kunden an den bisherigen Status quo der Nutzenerfüllung gewöhnt, d. h. wie bedeutsam können andere Nutzenkriterien für die Kunden sein?
- *Technische Umsetzbarkeit:* Welche Veränderungen der Leistungsparameter eines Produkts wären notwendig, damit die Kunden den Anbieter wechseln würden?
- *Rahmenbedingungen:* Welche Veränderungen in den Rahmenbedingungen (z. B. Gesetze, neue Ökosysteme) würden eine Erhöhung der Attraktivität des Wettbewerbsprodukts bewirken und den Anbieterwechsel unterstützen?
- *Neue Technologien:* Welche neuen Technologien sind weiter notwendig und noch nicht existent vor dem Hintergrund möglicher weiterer Veränderungen der Kundenanforderungen?
- *Geschäftsmodell:* Müsste der Angreifer bei der Übernahme der eigenen Kundenbasis das Geschäftsmodell verändern und gegebenenfalls das Geschäftsmodell sogar an das Geschäftsmodell der etablierten Wettbewerber annähern?

Dabei gilt, je größer die Hürde aus der Kundensicht bzw. je größer die Anzahl der Hürden, desto wahrscheinlicher ist es, dass die Kunden beim etablierten Wettbewerber bleiben.

▶ **Wichtig**

Zusammenfassend kann man damit festhalten, dass die Theorie der disruptiven Nutzeninnovation nach Christensen davon ausgeht, dass durch neue Technologien neue Nutzeninnovation für neue Kundensegmente geschaffen werden können. Diese neuen Nutzenkriterien werden mit einer Verbesserung der technologischen Leistungsfähigkeit im Laufe der Zeit auch zunehmend interessant für die Bestandskunden der etablierten Wettbewerber. Diese Entwicklung kann dann für einen radikalen Umbruch in der bestehenden Wettbewerbssituation führen.

In der Konsequenz bedeutet dies dann aber auch mit einer hohen Wahrscheinlichkeit, dass sich das Geschäftsmodell der Angreifer von den bestehenden Geschäftsmodellen der etablierten Wettbewerber deutlich unterscheidet. Im Wesentlichen wird sich diese Unterscheidung im Geschäftsmodell dann aber insbesondere im operativen Geschäftsmodell eines Unternehmens wiederfinden[1].

---

[1] Vgl. in diesem Zusammenhang die Unterscheidung zwischen dem strategischen Geschäftsmodell und den zugehörigen Elementen einerseits und dem operativen Geschäftsmodell und den zugehörigen Elementen andererseits im Kontext des integrierten Geschäftsmodells an früherer Stelle.

In der Sichtweise von Eckert (2017) und dessen Unterscheidung zwischen ein- und multidimensionalen Innovationen kann man festhalten, dass *Christensen klassisch von aufeinanderfolgenden eindimensionalen Innovationen ausgeht. So führen Nutzeninnovationen auf der Produkt-/Dienstleistungsebene zu Veränderungen im Geschäftsmodell (operative Geschäftsmodellinnovation), wobei die operative Geschäftsmodellinnovation selbst nicht disruptiv sein muss.* Diese sequenzielle Sichtweise verliert im digitalen Hyperwettbewerb aber zunehmend an Bedeutung. Nutzen- und Geschäftsmodellinnovationen müssen im digitalen Hyperwettbewerb gleichzeitig und einander ergänzend vorangetrieben werden und auch den Geschäftsmodellkern (Business Model Prototype) mit einschließen.

3.2 Disruptive Geschäftsmodellinnovation

Die Überlegungen von Christensen fokussieren in unserem Verständnis auf disruptive Nutzeninnovationen (vgl. Eckert 2014, S. 139 ff.), denen sich durchaus operative Geschäftsmodellinnovationen anschließen können. Anders ausgedrückt: Nutzen entsteht durch eine Produkt- und/oder eine Dienstleistungsinnovation, die dann durchaus zu einer operativen Geschäftsmodellinnovation des erweiterten Geschäftsmodellkerns führen kann. Das strategische Geschäftsmodell, d. h. der Geschäftsmodellkern, bleibt in dieser Sichtweise dann jedoch unverändert[2] (vgl. Eckert 2017).

In einer notwendigen Ergänzung zur *klassischen Theorie der disruptiven (Nutzen-)Innovation (nach Christensen)* ist aus unserer Sicht demnach eine *Theorie der disruptiven Geschäftsmodellinnovation* zu entwickeln. Hier stehen nun *multidimensionale Nutzen- und Geschäftsmodellinnovationen* im Mittelpunkt.

Es geht somit um die gemeinsame und integrierte Erarbeitung einer Nutzeninnovation, um eine innovative Gestaltung des Geschäftsmodellkerns (strategisches Geschäftsmodell) und um eine entsprechende innovative Erweiterung oder

[2]Eckert (2014, 2017, 2018) spricht in diesem Zusammenhang dann sinngleich auch vom Business Model Prototype/Geschäftsmodellkern (im Sinne eines strategischen Geschäftsmodells) und vom erweiterten Business Model Prototype/Geschäftsmodellkern (im Sinne eines operativen Geschäftsmodells). Durch die Begriffsunterscheidung bei Eckert wird auf die unterschiedliche Veränderbarkeit von Geschäftsmodellkern und erweitertem Geschäftsmodellkern eingegangen.

Erneuerung des erweiterten Geschäftsmodellkerns (operatives Geschäftsmodell). Vor dem Hintergrund der multidimensionalen Innovationen verliert die primäre Fokussierung auf die Nutzeninnovation, d. h. auf die Produkt- (z. B. Smartphone) oder Prozessinnovation, somit die differenzierende Bedeutung. Durch die Fokussierung auf das Geschäftsmodell – und hier insbesondere auf einen neuen und disruptiven Geschäftsmodellkern – kann man dann auch verstehen, warum das iPhone – trotz der vergleichsweise geringeren technologischen Leistungsfähigkeit – relativ schnell gegenüber dem Blackberry erfolgreich war.

3.2.1 Dynamic Business Model Prototyping als Kernelement disruptiver Geschäftsmodellinnovationen

In Anlehnung an Eckert (2018, S. 96 ff.) steht bei disruptiven Geschäftsmodellinnovationen das Dynamic Business Model Prototyping – die strukturierte Innovation des Geschäftsmodellkerns – im Mittelpunkt. Hier geht es dann um eine dynamische Verbindung von Value Innovation mit der Business Logic-Innovation und dem Business Model Prototyping. Daran schließt sich dann im Allgemeinen auch die Notwendigkeit einer (operativen) Business Model-Innovation im erweiterten Geschäftsmodellkern an (vgl. Abb. 3.3).

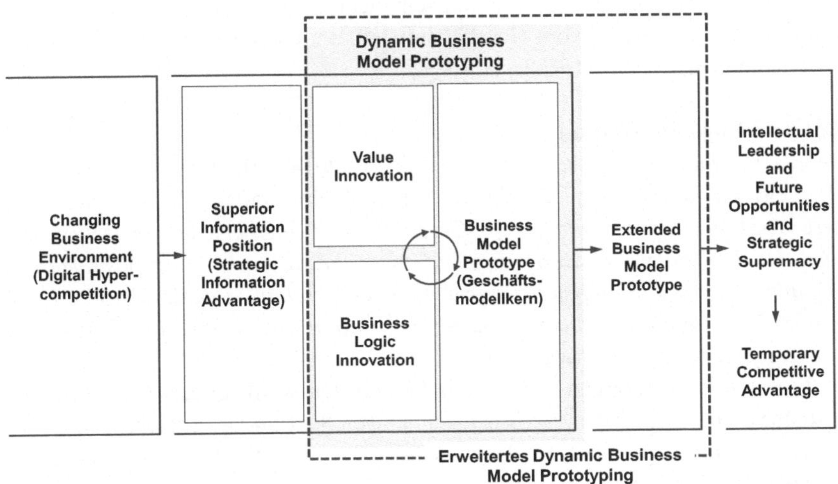

Abb. 3.3 Erweitertes Dynamic Business Model Prototyping. (vgl. Eckert 2018, S. 97)

Ausgangspunkt eines erweiterten Dynamic Business Model Prototyping ist der strategische Informationsvorteil eines Unternehmens, der sich entweder aus datenanalytischen Ergebnissen oder aus den Ergebnissen des Innovation Foresighting ergibt (vgl. Eckert 2018, S. 234 ff.). Aus diesen Ergebnissen können neue Nutzenkategorien im Sinne von Value Innovations/Nutzeninnovation identifiziert werden, die zur Veränderung der Geschäftslogik des Unternehmens führen und umgekehrt. Aus dem Wechselspiel von Nutzeninnovation und veränderter Geschäftslogik ergeben sich dann Auswirkungen auf die Kernelemente des Geschäftsmodells (Geschäftsmodellkern/Business Model Prototype) und damit auf die strategischen Kompetenzen, die strategischen Prozesse und die strategischen Ressourcen eines Unternehmens. Im Anschluss an den Geschäftsmodellkern wird es weiter notwendig sein, die Elemente des *erweiterten Geschäftsmodellkerns* (Extended Business Model Prototype) entsprechend kohärent zu entwickeln, weiterzuentwickeln oder zu verändern (vgl. Eckert 2014, 2017).

Value Innovation (Nutzeninnovation)

Der Begriff der Nutzeninnovation geht in der jüngeren Vergangenheit auf Kim und Mauborgne (2005) und deren Überlegungen zur Entstehung von „blauen Ozeanen“ zurück. Nutzeninnovationen entstehen, wenn in einem Produkt oder in einer Dienstleistung neue Nutzenkriterien, d. h. Entscheidungskriterien für die Kunden, auszumachen sind. Damit stellen Nutzeninnovationen einen (zusätzlichen) Nutzengewinn für den Kunden dar. Gleichzeitig kann festgehalten werden, dass Nutzeninnovationen im Allgemeinen nicht getrennt von den strategischen Kompetenzen und damit vom Geschäftsmodellkern eines Unternehmens gesehen werden können.

Business Logic Innovation

Bereits in früheren Überlegungen hat Eckert (2014, 2017) die Geschäftslogik als (den) wichtig(st)en Teil des Geschäftsmodells im digitalen Hyperwettbewerb herausgestellt. *Dabei beschreibt die Geschäftslogik einen eigendynamischen Prozess, der die dynamische Beziehung und damit die wechselseitigen positiven und negativen Einflüsse zwischen den Elementen des Geschäftsmodells darstellt. Demzufolge beschreibt eine Business Logic Innovation eine innovative Erneuerung der Geschäftslogik eines Unternehmens.*

Vor diesem Hintergrund kann somit festgehalten werden, dass bereits bei der Erstellung eines Geschäftsmodells in einem jungen Start-up-Unternehmen, aber auch bei der Überprüfung eines Geschäftsmodells in einem etablierten Unternehmen, die Geschäftslogik in einer aggregierten Art und Weise dargestellt bzw. analysiert werden muss. Erst nach einer erfolgreichen Prüfung der Geschäftslogik macht es Sinn, das strategische Geschäftsmodell (Geschäftsmodellkern) zu erneuern, zu ergänzen oder weiterzuentwickeln und das operative Geschäftsmodell (erweiterter Geschäftsmodellkern) kohärent zu ergänzen. Hier kann dann Amazon und das sogenannte „Amazon-Wheel" als bekanntes Beispiel genannt werden (vgl. Abb. 3.4).

Business Model Prototyping
Das Business Model Prototyping (vgl. Eckert 2014, 2017) beschreibt die kohärente Ergänzung des Geschäftsmodellkerns (Business Model Prototype) aus der Nutzeninnovation und der Geschäftslogik. Hier geht es dann nicht um das Schließen einer Lücke zwischen einem Ist- und einem Soll-Zustand, sondern um die kohärente Entwicklung der einzelnen Elemente des Geschäftsmodellkerns.

Bei der Identifizierung der (zukünftig) bedeutsamen strategischen Kompetenzen – einem Schlüsselelement des Geschäftsmodellkerns – kann es in der Unternehmenspraxis durchaus unterschiedliche Sichtweisen geben. So kann es durchaus sein, dass zunächst zwei bis drei mögliche strategische Kompetenzen im Fokus stehen. Im Allgemeinen ergibt sich jedoch im weiteren Verlauf des Business Model Prototyping eine zunehmend klare Sicht. Deshalb ist es auch nicht problematisch, wenn ein Unternehmen zu Beginn des Prozesses mit zwei oder drei Hypothesen zur strategischen Kompetenz startet.

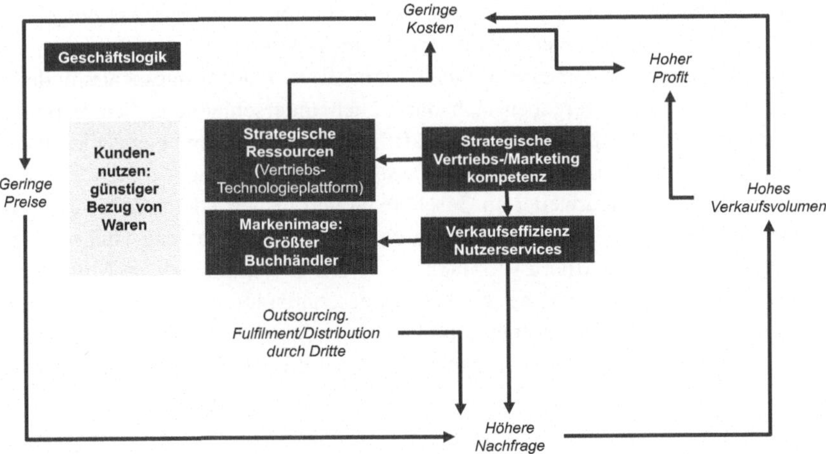

Abb. 3.4 Geschäftslogik bei Amazon in einer frühen Phase der Unternehmensentwicklung (Amazon Wheel). (Abbildung in Anlehnung an Eckert 2018, S. 101)

Aus der identifizierten strategischen Kompetenz lassen sich im Allgemeinen die wesentlichen strategischen Prozesse des Unternehmens ableiten. Mit Kenntnis der relevanten strategischen Prozesse kann nun geprüft werden, wie hoch die Kompetenzen und Fähigkeiten in diesen Prozessen sind. Hierzu können verschiedene Prozessmodelle zur Anwendung kommen.

Die Unternehmensmarke erzeugt über das Markenimage und die Markenpositionierung eine Erwartungshaltung bei den verschiedenen Anspruchsgruppen des Unternehmens. Hierbei können für die Ermittlung der Markenpositionierung und des Markenimages verschiedene Methoden aus der Markenanalyse zur Anwendung kommen. Gemeinsam ist allen diesen Methoden, dass die Marke als Kombination verschiedener Kriterien visualisiert und positioniert wird.

In einem weiteren Schritt müssen die notwendigen strategischen Ressourcen identifiziert werden. So funktioniert der Geschäftsmodellkern von Amazon nur mit einem entsprechenden IT-System bzw. unter Nutzung einer entsprechenden Technologieplattform. Dies bedeutet dann aber, dass der strategischen Ressource im Geschäftsmodellkern im Kontext der Plattformökonomie eine besondere Bedeutung zukommt. Eckert (2018) spricht hier dann auch ergänzend vom technologischen Geschäftsmodell.

(Operating) Business Model Innovation

Das operative Geschäftsmodell stellt die Vervollständigung des Geschäftsmodells eines Unternehmens dar, welches auf Geschäftsmodellkern (Business Model Prototype) und Geschäftslogik aufbaut. Dabei sind die Schwerpunkte des operativen Geschäftsmodells (auch erweiterter Business Model Prototype) von der Art des Geschäftsmodells – lineares Geschäftsmodell vs. Plattformgeschäftsmodell – abhängig. Demzufolge ergeben sich dann auch unterschiedliche Schwerpunkte im Rahmen einer operativen Geschäftsmodellentwicklung bzw. Geschäftsmodellinnovation. Dabei gilt, dass in klassischen linearen sogenannten Pipeline-Geschäftsmodellen im erweiterten Geschäftsmodell insbesondere die Kunden, die Partner, die klassische Wertschöpfungsarchitektur, die das eigene Unternehmen mit den Kunden und Partnern verbindet sowie das Gewinnmodell im Mittelpunkt stehen. Demgegenüber geht es in Plattformgeschäftsmodellen insbesondere um die Konsumenten, die Produzenten, die Partner und die Transaktionsbeziehungen, die das Keystone-/Plattformunternehmen als Plattformbetreiber aktiv gestaltet.

3.2.2 Disruptive Geschäftsmodellinnovation durch Veränderung des Geschäftsmodellkerns in der Plattformökonomie

Im digitalen Hyperwettbewerb entstehen *disruptive Geschäftsmodellinnovationen* ebenfalls durch ein (erweitertes) Dynamic Business Model Prototyping (vgl. Eckert 2018, S. 96 ff.) und damit durch die Verbindung von Value Innovation, Business Logic Innovation, Business Model Prototyping. Daran schließt sich dann notwendigerweise auch eine kohärente Erneuerung des operativen Geschäftsmodells durch eine operative Geschäftsmodellinnovation (Business Model Innovation) an. Dabei lassen sich die Erkenntnisse des Dynamic Business Model Prototyping auch auf die Plattformökonomie und die hier bestimmenden Keystone-/Plattformunternehmen übertragen.

So zeichnen sich die sogenannten Keystone-/Plattformunternehmen *immer durch eine strategische Kunden-/Marktkompetenz* im Keystone-/Plattformunternehmen, die bei der disruptiven Entstehung in den betrachteten Branchen als neue – d. h. branchenunübliche – strategische Kompetenz angesehen werden konnte/kann. Die relevanten *strategischen Prozesse* fokussieren damit auf die *Kundenforschung* (strategischer Informationsvorteil) und die Sicherstellung der *Kundenloyalität.* Gleichzeitig besitzen Keystone-/Plattformunternehmen in unserem Verständnis immer ein integriertes Geschäftsmodell, welches ein ökonomisches, organisatorisches, technologisches und strategisches Geschäftsmodell miteinander verbindet und integriert. Durch die neue strategische Kompetenz in Verbindung mit den neuen strategischen Prozessen entsteht eine andere Betrachtung der Kundengruppen und/oder der Marktsegmente.

▶ Allgemein kann man festhalten, dass disruptiven Innovationen in der Vergangenheit auf der Basis einer neuen bzw. branchenfremden strategischen Kompetenz und einem damit einhergehenden neuen Geschäftsmodellkern in Verbindung mit einer Value Innovation und einer Business Logic Innovation entstanden sind (vgl. Abb. 3.5).

In einem Plattformunternehmen sind Geschäftsmodellkern, erweiterter Geschäftsmodellkern und strategische Ressourcen (u. a. das technologische Geschäftsmodell) im Sinne einer integrierten Geschäftsmodellperspektive über eine gemeinsame Geschäfts-/Plattformlogik miteinander verbunden (vgl. Abb. 3.6). Abschließend bleibt somit festzuhalten, dass trotz der Bedeutung des technologischen Geschäftsmodells für das Plattformunternehmen eine rein technologische Betrachtung einer Plattform letztendlich nicht ausreicht, um ein Plattformunternehmen vollständig zu beschreiben (vgl. auch Timmers 1998).

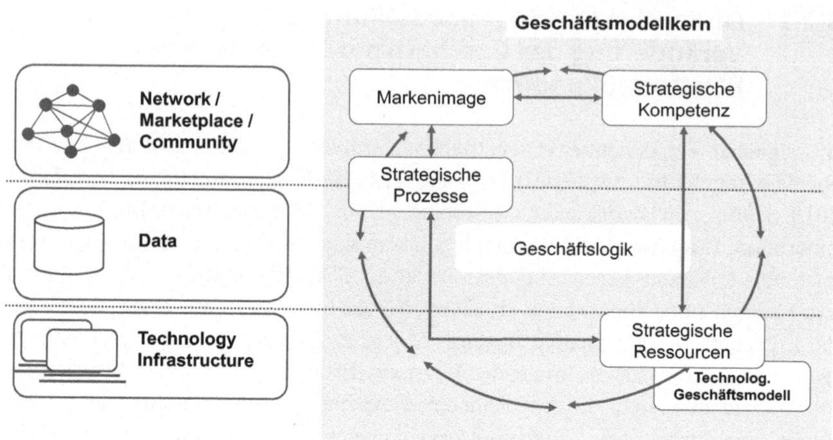

Abb. 3.5 Geschäftsmodellkern eines Plattformunternehmens. (Eigene Abbildung in Anlehnung an Eckert 2018, S. 204)

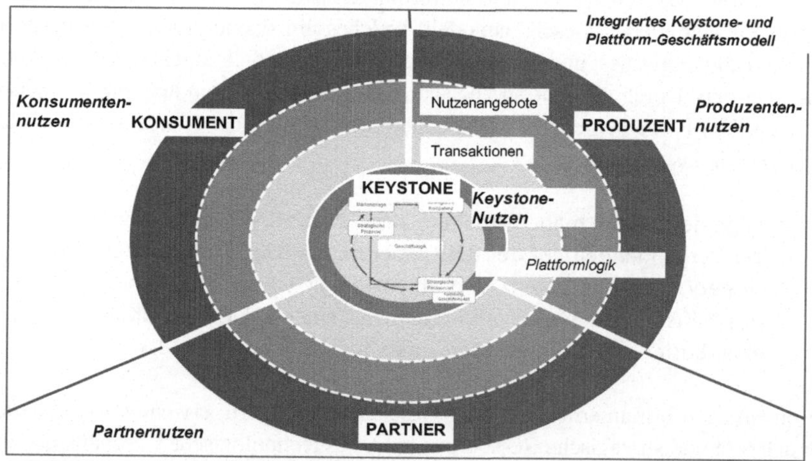

Abb. 3.6 Integriertes Geschäftsmodell im Keystone-/Plattformunternehmen. (Eigene Abbildung in Anlehnung an Eckert 2018: 206)

Durch die dargestellte Sichtweise auf disruptive Geschäftsmodellinnovationen kann das Beispiel des iPhone von Apple neu und anders interpretiert werden. Gleichzeitig kann dann auch die bekannte Kritik an der Theorie von Christensen aufgenommen und neu eingeordnet werden.

Disruptive Geschäftsmodellinnovation am Beispiel des Apple iPhone

An früherer Stelle wurde betont, dass das iPhone nach Christensen aufgrund der Fokussierung auf die Nutzeninnovation keine disruptive Innovation darstellt. Dies wird damit begründet, dass das iPhone keinen neuen Markt geschaffen hat und/oder keine kostenbewussteren Kundensegmente angesprochen hat.

Dieser Sichtweise halten Moazad und Johnson (2016) entgegen, dass das iPhone von Apple dann durchaus disruptiv war, da das iPhone in der technologischen Leistungsfähigkeit (z. B. kürzere Akkuzeiten, geringere Datensicherheit) deutlich schlechter war als z. B. die damals führenden Smartphones des etablierten Wettbewerbers BlackBerry. Gleichzeitig betonen die beiden Autoren, dass durchaus neue Kundensegmente – anstelle der wenig preissensitiven Geschäftskunden nun die preissensitiveren Privatkunden – angesprochen wurden. Über diese Interpretation kann man streiten.

Das Beispiel verdeutlicht aus unserer Sicht jedoch, dass der Begriff der disruptiven Innovation im digitalen Hyperwettbewerb nicht mehr nur die Nutzeninnovation in den Mittelpunkt stellen darf. Im digitalen Hyperwettbewerb entstehen disruptive Innovationen aus Nutzen-/Produkt-, in Verbindung mit einer Geschäftsmodellinnovation inkl. neuem Geschäftsmodellkern (Business Model Prototype) (im Sinne von multidimensionalen Innovationen). So hat Apple mit dem iPhone die bisherige produktorientierte strategische Kompetenz in eine kunden-/marktorientierte strategische Kompetenz verändert.

▶ Zusammenfassend kann im Anschluss an die Theorie der disruptiven Innovation von Christensen somit festgehalten werden, dass disruptive Geschäftsmodellinnovationen zwar auch von technologiegetriebenen Nutzeninnovationen ausgehen. Im digitalen Hyperwettbewerb entstehen die Nutzeninnovationen aber zunehmend im Zusammenhang mit disruptiven Geschäftsmodellinnovationen auf der Grundlage eines neuen Geschäftsmodellkerns (Business Model Prototype) des neuen und disruptiven Angreifers (vgl. Eckert 2018, S. 207 f.).

Disruptive Imitation 4

Insbesondere in der Plattformökonomie kommt der Imitation eine besondere Bedeutung zu. Dennoch werden Imitationen nur selten als Methode der Unternehmensentwicklung näher betrachtet. Dies gilt umso mehr für disruptive Imitationen, wobei hierunter allgemein die Übernahme einer Nutzen- und/oder Geschäftsmodellinnovation eines neuen Wettbewerbers verstanden wird, dem man ein disruptives Potenzial zutraut.

Vor diesem Hintergrund sollen nun insbesondere disruptive Produktimitationen und disruptive Geschäftsmodellimitationen näher betrachtet werden. Damit werden die vorangestellten Überlegungen auf disruptive Produkt- und Geschäftsmodellimitationen erweitert.

4.1 Disruptive Produktimitation

Im Zusammenhang mit dem Begriff der Imitation steht im Allgemeinen die Produktimitation im Mittelpunkt und damit eine zeitlich nachverlagerte Kopie oder Imitation einer Produktneuheit. In diesem Zusammenhang halten Valdani und Arbore (2007, S. 199 f.) dann beschreibend weiter fest:

> In this sense, we have:
>
> - *clones*: legal copies of the original product, but sold under the brand name of the imitator. In some cases the clone stands out because the quality is higher than that of the original product or the price is much lower (…).
> - *marginal imitations*: it is possible to imitate an innovation by modifying marginal elements, developing different design, reconfiguring the product, using new alternative materials or using different manufacture processes. (…)

R. Eckert, *Disruptive Business Imitation – Neun Beschleuniger zum kreativen Imitieren disruptiver Geschäftsmodelle,* essentials,
https://doi.org/10.1007/978-3-658-24702-7_4

- *incremental imitation (…)*: in this case the imitator enters a developing market with a significant technological contribution thereby innovating and overtaking the pioneer innovator. (…)
- *creative imitation*: they define the most innovative copy of the pioneer product. In this case the imitator makes some changes in the original concept, with the aim of creating *new applications* for the pioneer product to meet the needs of new customer segments or to enter new markets or new sectors (kursiv im Original).

In Anlehnung an diese Überlegungen kann man weiter festhalten, dass der Erfolg einer Produktimitationsstrategie im Wesentlichen auch von der Wettbewerbssituation und auch der ökonomischen Situation des Nachahmers abhängig ist. So scheint ein reines Kopieren einer Produktinnovation bzw. die geringfügige Modifikation der vorliegenden Produktinnovation eines Wettbewerbers nur dann erfolgsversprechend, wenn der Nachahmer eine entsprechende Ressourcenstärke (z. B. finanzielle Ressourcen) besitzt.

So kann der Nachahmer versuchen, die eigenen starken personellen und/oder finanziellen Ressourcen bzw. Kompetenzen einzusetzen, um den (innovativen) Wettbewerber, der häufig eine schwächere Ressourcen- und Kompetenzbasis besitzt, aus dem Markt zu drängen. Eine inkrementelle und eine kreative Produktimitationsstrategie scheinen dann erfolgreich, wenn es dem Nachahmer gelingt, das Produkt anders im Markt zu positionieren. Dies kann entweder dadurch passieren, dass die Produktimitation mit einem niedrigeren Preis im Markt positioniert wird. Alternativ ist es auch möglich, das Produkt mit einer verbesserten Produktqualität oder mit ergänzenden technologischen Leistungsmerkmalen auszustatten.

Verbindet man die dargestellte Unterscheidung bei Valdani und Arbore mit den bekannten Überlegungen von Christensen zu disruptiven eindimensionalen Innovationen, dann scheint insbesondere die Überlegung zu kreativen Imitationen (creative imitation) für den Fall der disruptiven Imitation von Bedeutung zu sein. Hier übertrifft das Nachfolgeprodukt nicht nur die technologische Leistungsfähigkeit des Pionierprodukts. Vielmehr werden neue Nutzenkriterien bzw. neue technologische Leistungsmerkmale in der Produktimitation angeboten, die helfen, neue Kundengruppen anzusprechen bzw. neue Märkte zu öffnen.

4.2 Disruptive Geschäftsmodellimitation

Neben der disruptiven Produktimitation kommt in unserer Sichtweise zunehmend auch der disruptiven Geschäftsmodellimitation eine besondere Bedeutung zu. Dies hängt auch damit zusammen, dass im Zeitalter des digitalen Hyperwettbewerbs und der damit einhergehenden Plattformunternehmen zunehmend disruptive

Geschäftsmodellinnovationen mit Hilfe von Plattform-/Keystone-Unternehmen entstehen. Gerade Plattformgeschäftsmodelle scheinen aber einer Gefahr der Imitierbarkeit zu unterliegen bzw. durchaus selbst der Gefahr der Imitierbarkeit zu unterliegen.

Während disruptive Geschäftsmodellinnovationen eine Value Innovation mit einer Business Logic Innovation, einem Dynamic Business Model Prototyping und einer damit einhergehenden (operativen) Business Model Innovation verbinden, steht bei der *disruptiven Geschäftsmodellimitation insbesondere die Value Innovation (neue Kundengruppen oder neue Märkte) und eine damit einhergehende operative Business Model Innovation (in unserem Verständnis) im Mittelpunkt. Demgegenüber kann der Business Model Prototype des disruptiven Pioniers weitgehend unverändert übernommen und damit imitiert werden.* Dieser Zusammenhang zeigt sich z. B. im Vergleich der beiden Keystone-/Plattformunternehmen Couchsurfing und AirBnB.

Couchsurfing vs. AirBnB

Bei Couchsurfing handelt es sich um ein Keystone-/Plattformunternehmen, welches 2003 gegründet worden ist. Die Value Innovation von Couchsurfing besteht darin, Privatreisenden eine Unterkunft bei einer Privatperson kostenfrei anzubieten.

Um dieses Matching zwischen Angebot und Nachfrage herzustellen, nutzt Couchsurfing eine entsprechende Technologieplattform als technologisches Geschäftsmodell. Mit diesem Nutzenangebot hat sich Couchsurfing zu einem technologie- und mitgliedsbasierten Ökosystem mit mehr als 10 Mio. Mitgliedern entwickelt, welches kostenfreie Übernachtungsmöglichkeiten in mehr als 20.000 Städten anbietet.

Auf der Grundlage der zugrunde liegenden Geschäftslogik haben sich eine Mehrzahl weiterer Keysteone-/Plattformunternehmen zur Vermittlung von Privatunterkünften gegründet. Hierunter fallen Unternehmen wie AirBnB, 9flats oder Wimdu, wobei das Augenmerk hier insbesondere auf AirBnB gelegt werden soll.

AirBnB wurde in Anlehnung an Craigslist zunächst als Anzeigenwebseite mit einem besonderen Fokus auf Vermietung von Wohnungen und dem Angebot von Übernachtungsmöglichkeiten gegründet. Zunächst stand somit nicht der Plattformgedanke, d. h. ein Matching zwischen Angebot und Nachfrage, im Mittelpunkt. Entsprechend den Überlegungen von Eckert (2018, S. 111) fokussierte damit AirBnB auf eine strategische Verkaufs- und Vertriebskompetenz mit dem strategischen Schwerpunkt Verkaufseffektivität. Als junges Wachstumsunternehmen ohne Historie war – im Gegensatz zu etablierten Unternehmen – eine Weiterentwicklung des Geschäftsmodellkerns – ein Business Model Prototyping – jedoch relativ problemlos möglich. So hat sich AirBnB zu einem klassischen Keystone-/Plattformunternehmen weiterentwickelt, welches eine strategische Kunden- und Marktkompetenz im Geschäftsmodellkern aufweist (vgl. Eckert 2018, S. 202 ff.).

Es zeigt sich, dass Couchsurfing und AirBnB als Pionier- und Nachahmer-Unternehmen durchaus die gleiche strategische Kompetenz aufweisen und entsprechend hohe Reifegrade in den strategischen Prozessen Kunden-/Marktforschung sowie Kundenloyalitätsmanagement ausgebildet haben müssen. Ein wesentlicher Unterschied zwischen den betrachteten Unternehmen findet sich jedoch in den angebotenen Nutzenkategorien (Nutzeninnovation). Gleichzeitig bedienen beide Unternehmen überwiegend unterschiedliche Kundengruppen bzw. Marktsegmente (operative Geschäftsmodellinnovation).

So bietet AirBnB im Gegensatz zu Couchsurfing keine kostenfreien Übernachtungsmöglichkeiten an. Dies hat zur Folge, dass ausgewählte Nutzenkriterien, z. B. die Qualität der Unterkunft, verändert oder ergänzt werden mussten. Vor diesem Hintergrund ist es nicht verwunderlich, dass AirBnB z. B. die Möglichkeit anbietet, dass die zu vermietenden Wohnungen und Häuser durch professionelle Fotografen werbewirksam fotografiert werden. Zudem wurden die Beschreibungsinhalte zu den Angeboten auf AirBnB kontinuierlich erweitert. Neben einer detaillierten Beschreibung werden zudem weitere wissenswerte Details („Other Things to Note") aufgeführt (vgl. Ivey 2016).

▶ Zusammenfassend kann man festhalten, dass sich die Veränderungen des Imitators insbesondere in den Nutzeninnovationen und im erweiterten Geschäftsmodellkern (operativen Geschäftsmodell) wiederfinden. Demgegenüber findet sich die Imitation insbesondere im Geschäftsmodellkern (Business Model Prototype).

Disruptive Business Imitation

5

Die bisherigen Ausführungen haben gezeigt, dass die Theorie der disruptiven Innovation von Christensen in unserer Sichtweise insbesondere disruptive Nutzeninnovationen in den Mittelpunkt stellt. Diese Fokussierung schließt nicht aus, dass diese Nutzeninnovationen auch Auswirkungen auf das (operative) Geschäftsmodell, d. h. in unserem Verständnis auf den erweiterten Geschäftsmodellkern eines Unternehmens, hat. In der Konsequenz bedeutet dies jedoch, dass die Vorgehensweise nach Christensen einem klassischen Innovationsverständnis folgt, bei dem zwei eindimensionale Innovationen nacheinander und schrittweise durchgeführt werden (vgl. auch Eckert 2017, S. 55 ff.).

Im digitalen Hyperwettbewerb reicht diese sequenzielle Vorgehensweise nicht mehr aus. Hier ist ein multidimensionales Innovationsmanagement notwendig, bei dem die relevanten Innovationsschwerpunkte gleichzeitig und iterativ erarbeitet werden (vgl. Eckert 2017). Vor diesem Hintergrund soll hier eine grundsätzliche Vorgehensweise für ein multidimensionales und disruptives Business Imitation Management dargestellt werden.

5.1 Grundkonzept eines Disruptive Business Imitation Managements

Im digitalen Hyperwettbewerb geht es zunehmend um ein multidimensionales Innovationsmanagement, bei dem zwei oder mehrere Innovationsarten (z. B. Business Model Prototyping, Business Model Innovation, Nutzeninnovation, strategische Prozessinnovation, vgl. Eckert 2017) miteinander gleichzeitig und integriert verbunden werden. Ähnlich muss nun auch das Disruptive Business Imitation Management als strukturiertes Vorgehenskonzept für ein *disruptives Imitationsmanagement* im digitalen Hyperwettbewerb ausgestaltet werden.

R. Eckert, *Disruptive Business Imitation – Neun Beschleuniger zum kreativen Imitieren disruptiver Geschäftsmodelle,* essentials,
https://doi.org/10.1007/978-3-658-24702-7_5

Abb. 5.1 Neun Beschleuniger eines Disruptive Business Imitation Managements. (Eigene Abbildung)

Im Mittelpunkt eines Disruptive Business Imitation Managements steht zunächst das Wettbewerbsunternehmen in der Branche bzw. in einer Wettbewerbsarena (vgl. Eckert 2016a, b), dessen Nutzeninnovation man ein disruptives Veränderungspotenzial zutraut. Die Entscheidung kann z. B. durch ein Innovation Foresighting initiiert und unterstützt werden. Daneben muss man sich intensiv mit den Kundensegmenten des disruptiven Wettbewerbers und mit den Kundensegmenten der etablierten Unternehmen in der Branche und der Wettbewerbsarena beschäftigen. In einem weiteren iterativen Vorgehen geht es auch u. a. um die Imitation des Geschäftsmodellkerns (Business Model Prototype) des disruptiven Wettbewerbers. In einer Gesamtbetrachtung lassen sich dann insgesamt neun Beschleuniger eines Disruptive Business Imitation Managements identifizieren (vgl. Abb. 5.1). Hierbei handelt es sich um einen *iterativen Lern- und Entwicklungsprozess, der in der Unternehmenspraxis situativ angepasst und umgesetzt werden muss. Dies betrifft dann auch die Frage, mit welchem Beschleuniger das Disruptive Business Imitation Management letztendlich beginnt.*

5.2 Neun Beschleuniger eines Disruptive Business Imitation Managements

Ein erfolgreiches Disruptive Business Imitation Management basiert auf neun Beschleunigern, auf die nicht notwendigerweise sequenziell fokussiert wird. Vielmehr müssen die Beschleuniger situationsspezifisch gestaltet, genutzt und erarbeitet werden.

Beschleuniger Eins: Identifizieren des Nutzenangebots bzw. der Nutzenkriterien des (disruptiven) Wettbewerbers
In dieser Phase muss ein Wettbewerber und dessen Nutzenangebot identifiziert werden, dem man ein disruptives Potenzial zuschreibt. Dabei kann das Nutzenangebot dieses Wettbewerbers und die grundlegende Geschäftslogik durchaus älter sein, wie insbesondere das Beispiel des Carsharings zeigt, dessen Wurzeln Jahrzehnte zurückreichen.

Zur Analyse der Nutzenkategorien kann an die bekannten Überlegungen von Kim und Maubourgne zu Nutzeninnovationen angeschlossen werden. Allgemein entstehen Nutzeninnovationen, wenn ein Produkt oder ein Service neue Nutzenkategorien, d. h. Entscheidungskriterien für die Kunden, schafft. Dabei bieten Nutzeninnovationen einen neuen und/oder zusätzlichen Nutzengewinn für den Kunden. Disruptive Nutzeninnovationen zeichnen sich nach Christensen nun dadurch aus, dass neue Nutzenkriterien angeboten werden, wobei gleichzeitig bekannte Nutzenkriterien von Wettbewerbsprodukten weniger ausgeprägt erfüllt werden.

Der (vermeintlich) disruptive Wettbewerber zeichnet sich nun genau dadurch aus, dass er mit neuen und/oder zusätzlichen Nutzenangeboten andere Kundengruppen und/oder neue Märkte anspricht, die von den etablierten Unternehmen bisher vernachlässigt worden waren.

Beschleuniger Zwei: Gedankliches Vorwegnehmen von möglichen Zukunftsbildern durch ein Innovation Foresighting
Im Innovation Foresighting steht die Vorwegnahme von möglichen Zukunftsbildern im Mittelpunkt (vgl. Eckert 2018, S. 234 ff.). Im Fokus steht der Kerngedanke, dass *das Neue mit der Vorstellung beginnt, dass es auch anders sein könnte* (vgl. auch Nagel und Wimmer 2009, S. 201). Durch das Innovation Foresighting soll eine neue „Vision of the Customer Future“ geschaffen werden[1].

[1]Zur Unterscheidung zwischen Voice of the Customer und der Vision of the Customers Future sei auf Eckert (2018, S. 234 ff.) verwiesen.

Dabei ist aber auch klar, dass es letztendlich hier nicht nur um eine Zukunft gehen kann. Vielmehr sind verschiedene alternative Zukunftsbilder möglich.

Hintergrundinformation
Vision of the Customer Future (vgl. Eckert 2018, S. 233 ff.)

Schrage (2014: Preface) hält im Zusammenhang mit dem Begriff der „Vision of the Customer Future“ wie folgt fest:

> For example, George Eastman didn't just invent cheap cameras and film; he created photographers. Steve Jobs didn't merely "reinvent" personal computing and mobile telephony; he reinvented how people physically touched and talked with their technologies. Successful innovators have a 'vision of the customer future' that matters every bit as much as their product or service vision.

Die Vorwegnahme der Zukunft im Rahmen des Innovation Foresighting setzt eine (gewisse) Distanzierung vom Zukunftsbild des disruptiven Wettbewerbers und auch der etablierten Wettbewerber voraus. Nur dann kann eine neue Vorstellung entstehen, „dass es auch anders sein kann“ (Nagel und Wimmer 2008, S. 201). Dabei können einige wesentliche inhaltliche Schwerpunkte identifiziert werden:

1. *Erforschen von Trends:* Erforschen von Trends bedeutet im Wesentlichen ein Suchen nach Diskontinuitäten. Radikale Veränderungen entstehen kaum durch die Weiterentwicklung des Status quo. Im Mittelpunkt stehen dann u. a. folgende Fragen:
   - Können Kräfte identifiziert werden, die eine Änderung der Branchenstruktur oder das Entstehen von Wettbewerbsarenen begünstigen?
   - Welche Auswirkungen werden diese Kräfte auf die vorherrschende Technologieentwicklung haben?
   - Welche Dynamik hat der Trend?
2. *Fokussieren auf die funktionsbezogenen Zusammenhänge:* Der weitere Fokus liegt auf den Funktionen, die den zukünftigen Kundennutzen zugrunde liegen werden. Im Mittelpunkt stehen dann u. a. folgende Fragen:
   - Wie unterscheidet sich in der Zukunft ein gutes von einem weniger guten Produkt?
   - Auf welchen Nutzenkriterien basiert der Unterschied?
   - Welches zukünftige und antizipierte Kundenproblem wird dadurch gelöst?
   - Könnte das Problem mit einem anderen Produkt oder einer anderen Dienstleistung (durch einen Wettbewerber) besser gelöst werden?

Beschleuniger Drei: Identifizieren der Kundensegmente, die vom (disruptiven) Wettbewerber nicht angesprochen werden

In einer weiteren Phase müssen auf der Grundlage der identifizierten und bewerteten Zukunftsbilder finanziell attraktive Kundensegmente analysiert werden. Dabei ist es in der Analyse zunächst egal, ob die finanziell attraktiven Kundengruppen durch den identifizierten disruptiven Wettbewerber bzw. durch die etablierten Unternehmen bereits angesprochen werden. Hier geht es dann im Sinne von Eckert (2018) um eine *Orientierung über die aktuellen Kunden des disruptiven Wettbewerbs hinaus.* Im Mittelpunkt stehen dann u. a. folgende Fragen:

- Welche radikal neuen Nutzenkriterien werden die zukünftig wichtigen Kunden(-gruppen) an den Produkten morgen schätzen?
- Wie kann man den etablierten Wettbewerbern und insbesondere dem disruptiven Innovator bei der Schaffung der notwendigen Nutzeninnovation zuvorkommen?

Beschleuniger Vier: Analysieren des Geschäftsmodellkerns des (disruptiven) Wettbewerbers

Im Zusammenhang mit dem Geschäftsmodellkern geht es dann insbesondere um die erfolgsentscheidende disruptive Imitation. Der Geschäftsmodellkern, auch Business Model Prototype, stellt einige ausgewählte Elemente eines Geschäftsmodells in den Betrachtungsfokus. Der Geschäftsmodellkern kann als „Competitive Essence" eines Geschäftsmodells angesehen werden (vgl. Eckert 2014, S. 47 ff.). Die „Competitive Essence" repräsentiert eine Gruppe von kohärenten Elementen, die das Besondere eines Geschäftsmodells ausmachen (vgl. Eckert 2014, S. 101 ff.).

Mit Fokus auf den zu imitierenden disruptiven Innovator geht es hier dann insbesondere um eine Identifizierung der zugrunde liegenden Geschäftslogik, der strategischen Kompetenz, der strategischen Prozesse, der strategischen Ressourcen (z. B. Funktionalität der Technologieplattform bzw. des technologischen Geschäftsmodells) und um die Analyse eines eventuell bereits vorhandenen Markenimages (vgl. Eckert 2018, S. 102 ff., aber auch Eckert 2014, 2017). Insbesondere die strategischen Ressourcen und das Markenimage können das Attackieren eines disruptiven Innovators durch einen disruptiven Imitator erschweren:

- *Geschäftslogik:* Aus unserer Sicht beschreibt die Geschäftslogik die kohärente Verbindung zwischen den Elementen des Geschäftsmodellkerns. Damit muss das Unternehmensmanagement bestrebt sein, einen kohärenten eigendynamischen und sich selbst verstärkenden Prozess aus den Elementen des

Geschäftsmodellkerns zu gestalten. Das bekannte „Amazon-Wheel" ist ein Beispiel für die Visualisierung dieser eigendynamischen und sich selbst verstärkenden Geschäftslogik.

- *Strategische Kompetenz:* Die strategische Kompetenz ist in unserer Sicht die treibende Kraft, die das Denken und Handeln im Unternehmen bestimmt. So gibt es in jedem Unternehmen nur wenige – im Allgemeinen sind dies zwei oder drei – Kompetenzbereiche, aus denen sich die strategische Kompetenz ergeben kann und aus denen sich die bestimmende strategische Kompetenz herausbildet.
- *Strategische Prozesse:* Eng mit der strategischen Kompetenz eines Unternehmens verbunden sind die strategischen Prozesse. Unter strategischen Prozessen werden die Prozesse eines Unternehmens verstanden, die zur Umsetzung der strategischen Kompetenzen notwendig sind. Gerade im Zusammenhang mit dem Hyperwettbewerb kann festgehalten werden, dass die Bedeutung der strategischen Prozesse in dynamischen Zeiten deutlich zunimmt (vgl. Eisenhardt und Brown 1999, S. 5 ff.).
- *Strategische Ressourcen:* Strategische Ressourcen sind die Ressourcen, die ein Unternehmen zur Umsetzung der Nutzeninnovation notwendigerweise benötigt. In der Vergangenheit haben strategische Ressourcen als Assets häufig zu einer verteidigungsfähigen Position eines Unternehmens beigetragen. Gerade im digitalen Hyperwettbewerb kommt der IT-Infrastruktur und dem technologischen Geschäftsmodell als strategische Ressource eine besondere Bedeutung zu. Hier bietet das technologische Geschäftsmodell dann häufig erst die technologische Grundlage für den Unternehmenserfolg, wie auch die Beispiele Amazon oder auch Google zeigen.
- *Markenimage:* Aufgrund der besonderen Bedeutung im digitalen Hyperwettbewerb wird die strategische Ressource „Markenimage" separat betrachtet. So steht die Unternehmensmarke immer in einer engen Beziehung zum Geschäftsmodell bzw. zum Geschäftsmodellkern eines Unternehmens. Der Zusammenhang von Geschäftsmodellkern und Unternehmensmarke hat hierbei einen wesentlichen Einfluss darauf, wie ein Unternehmen einerseits am Markt agiert und anderseits, ob und wie es auf neue Wettbewerber reagiert:

Kundennutzen und Geschäftsmodellkern
In unseren Überlegungen wird in *der Analyse zwischen den Nutzenkriterien einerseits und dem Geschäftsmodellkern als Kernelement des Geschäftsmodells andererseits unterschieden.* Dies bedeutet nicht, dass Nutzeninnovationen und Geschäftsmodellinnovationen nicht zusammengehören und nicht stark aufeinander verweisen. In der Analyse und Betrachtung scheint eine Trennung der beiden Schwerpunkte jedoch sinnvoll. In diesem Zusammenhang sei auch auf den nachfolgenden Beschleuniger Fünf verwiesen.

Im Zusammenhang mit dem Geschäftsmodellkern können dann u. a. die nachfolgenden Fragen von Bedeutung sein:

- Welchen Kundennutzen können wir mit unseren aktuellen strategischen Kompetenzen und dem aktuellen Geschäftsmodellkern zukünftig schaffen?
- Welche strategischen Kompetenzen und welche spezifischen neuen Elemente eines Geschäftsmodellkerns benötigen wir für die relevanten Kundengruppen in der Zukunft?

Couchsurfing und AirBnB

Diese Überlegungen können nun auch auf das Beispiel von Couchsurfing und AirBnB übertragen werden. Bei den beiden Unternehmen Couchsurfing und AirBnB handelt es sich um zwei junge Wachstumsunternehmen mit der gleichen *strategischen Kunden- bzw. Marktkompetenz*. Die relevanten *strategischen Prozesse* sind somit identisch. Damit stimmen wesentliche Elemente des Geschäftsmodellkerns überein. Auch die Geschäftslogik stimmt hier in den Grundzügen bereits weitgehend überein. Der Imitator AirBnB unterscheidet sich jedoch deutlich im erweiterten Geschäftsmodellkern.

Beschleuniger Fünf: Anpassen des Nutzenangebots an die Bedürfnisse des identifizierten Kundensegments

In Anlehnung an die bekannten Überlegungen von Kim und Mauborgne kann festgehalten werden, dass die Ansprache neuer Kundengruppen – im Vergleich zum disruptiven Innovator – nur über neue Nutzenkategorien möglich ist. Dies bedeutet u. a., dass der Blick auf alternative Branchen bzw. auf entstehende Wettbewerbsarenen, auf andere Käufergruppen oder auf ergänzende Produkt- oder Serviceangebote ausgerichtet werden muss (vgl. Eckert 2014, S. 144). Dabei können einige wesentliche Kernfragen zur Identifizierung von Nutzeninnovationen beitragen:

- Welche der Nutzenkategorien, die der disruptive Innovator anbietet, können durch den disruptiven Imitator auf die neue Zielgruppe übertragen werden?
- Welche zusätzlichen Nutzenkategorien müssen unbedingt weiter angeboten werden, damit die (neue) Kundengruppe sinnvoll und zielgerecht bedient werden kann?

Beschleuniger Sechs: Selektives Weiterentwickeln des imitierten Geschäftsmodellkerns

Die Weiterentwicklung des Geschäftsmodellkerns basiert auf den grundlegenden Überlegungen eines (Dynamic) Business Model Prototyping (vgl. Eckert 2014, 2017, 2018). Dabei steht im Dynamic Business Model Prototyping die dynamische Gestaltung der Wechselbeziehungen zwischen der notwendigen Nutzeninnovationen (Value Innovation), der Geschäftslogik (Business Logic Innovation) und der entsprechenden Elemente des Geschäftsmodellkerns (Business Model Prototyping) im Mittelpunkt.

Beschleuniger Sieben: Iteratives Weiterentwickeln der identifizierten Geschäftslogik

Bereits in früheren Überlegungen hat Eckert (2014, 2017) die Geschäftslogik als wichtig(st)en Teil des Geschäftsmodells herausgestellt. Im Wesentlichen entspricht Geschäftslogik der Visualisierung der Zusammenhänge und der wechselseitigen Abhängigkeiten zwischen den Nutzenkriterien einerseits und dem Business Model Prototype andererseits.

Aus dem imitierten Geschäftsmodellkern des disruptiven Innovators und den weiterentwickelten Nutzenkriterien wird eine neue Geschäftsmodelllogik erarbeitet.

Beschleuniger Acht: Kohärentes Weiterentwickeln des erweiterten Geschäftsmodellkerns (operatives Geschäftsmodell)

Die wesentlichen Unterschiede zwischen Innovator und Imitator finden sich im erweiterten Business Model Prototype und damit im operativen Geschäftsmodell. Aufgrund der unterschiedlichen Nutzenkriterien sind im Allgemeinen z. B. auch verschiedene Partnerunternehmen notwendig, um diese Nutzenkriterien für die Nutzer zu erzeugen. Allgemein bedeutet dies, dass das operative Geschäftsmodell – trotz der Imitation des Geschäftsmodellkerns – beim Imitator spezifisch gestaltet werden muss.

Beschleuniger Neun: Kontinuierliches Überprüfen der Minimum Viable Products (MVP) in enger Interaktion mit den identifizierten Kunden

Damit die vorgenommenen Veränderungen nicht an den Kundengruppen vorbei weiterentwickelt werden, muss in jeder Phase eine enge Interaktion mit den potenziellen Kunden erfolgen. Hierbei muss jedoch berücksichtigt werden, dass weniger die Voice of the Customer im Mittelpunkt steht. Vielmehr geht es hier um die bereits genannte Vision of the Customer Future. Dies ist bei der Beurteilung der Rückmeldungen auf den Prototypen (Minimal Viable Products) immer zu berücksichtigen.

Was Sie aus diesem *essential* mitnehmen können

- Im digitalen Hyperwettbewerb stehen insbesondere disruptive Geschäftsmodellinnovationen im Mittelpunkt. Dabei wird aber häufig übersehen, dass die disruptiven Geschäftsmodellideen der sogenannten disruptiven Geschäftsmodellinnovatoren (z. B. AirBnB) bereits bekannt waren.
- Scheinbar disruptive Geschäftsmodellinnovatoren zeichnen sich in unseren Untersuchungen somit eher durch ein kreatives Imitieren einer bekannten disruptiven Geschäftsmodellinnovation (z. B. bei AirBnB: Couchsurfing, Craigslist) aus.
- Zudem zeigt sich, dass die disruptiven Geschäftsmodellimitatoren nicht alle Elemente eines Geschäftsmodells imitieren. Vielmehr liegt ein wesentliches Augenmerk auf dem kreativen Imitieren des Geschäftsmodellkerns (Business Model Prototype).
- In den weiteren Elementen des Geschäftsmodells außerhalb des imitierten Geschäftsmodellkerns zeigt sich dann aber die Innovationsfähigkeit des Geschäftsmodellimitators.
- Vor diesem Hintergrund können neun Beschleuniger für ein kreatives Imitieren von disruptiven Geschäftsmodellen identifiziert werden.

R. Eckert, *Disruptive Business Imitation – Neun Beschleuniger zum kreativen Imitieren disruptiver Geschäftsmodelle,* essentials,
https://doi.org/10.1007/978-3-658-24702-7

Literatur

Alberts, D. S., Garstka, J. J., & Stein, F. P. (2005). *Network centric warfare. Developing and leveraging information superiority* (6th printing). Washington: CCRP publication services.

Afuah, A., & Tucci, C. L. (2003). *Internet business models and strategies*. New York: McGraw-Hill.

Bergmann, G. (2000). *Kompakt-training innovation*. Ludwigshafen: Kiehl.

Christensen, C. M. (1997/2016). *The innovator's dilemma. When new technologies cause great firms to fail* (Nachdruck 2016). Boston: Harvard Business Review Press.

Christensen, C. M., Raynor, M., & McDonald, R. (2016). Was ist disruptive innovation? *Harvard Business Manager, 2016*(Januar), 65–75.

D'Aveni, R. A. (1995). *Hypercompetition: Managing the dynamics of strategic maneuvring*. New York: The Free Press.

Disselkamp, M. (2012). *Innovationsmanagement, Instrumente und Methoden zur Umsetzung im Unternehmen* (2. Aufl.). Wiesbaden: Springer Gabler.

Eckert, R. (2014). *Business Model Prototyping. Geschäftsmodellentwicklung im Hyperwettbewerb. Strategische Überlegenheit als Ziel*. Wiesbaden: Springer Gabler.

Eckert, R. (2016). *Herausforderung Hyperwettbewerb in der Branche: Strategie und Geschäftsmodell im Fokus*. Wiesbaden: Springer Gabler.

Eckert, R. (2016). *Herausforderung Hyperwettbewerb in der Wettbewerbsarena: Strategie und Geschäftsmodell im Fokus*. Wiesbaden: Springer Gabler.

Eckert, R. (2017). *Business Innovation Management. Geschäftsmodellinnovationen und multidimensionale Innovationen im digitalen Hyperwettbewerb*. Wiesbaden: Springer Gabler.

Eckert, R. (2018). *Intelligente Echtzeitunternehmen im digitalen Hyperwettbewerb. Multiple Geschäftsmodelle – Hybride Organisationsmodelle – Vernetzte Ökosysteme*. Wiesbaden: Springer Gabler.

Foster, R., & Kaplan, S. (2004). *Schöpfen und Zerstören: Wie Unternehmen langfristig überleben, Redline Wirtschaft*. Frankfurt a. M.: Ueberreuther.

George, M., Works, J., & Watson-Hemphill, K. (2005). *Fast innovation. Achieving superior differentiation, speed to market, and increased profitability*. New York: McGraw-Hills.

Hagiu, A., & Rothman, S. (2016). Network effects aren't enough. *Harvard Business Review, 2016*(April), 2–9.

R. Eckert, *Disruptive Business Imitation – Neun Beschleuniger zum kreativen Imitieren disruptiver Geschäftsmodelle*, essentials,
https://doi.org/10.1007/978-3-658-24702-7

Hedman, J., & Kalling, T. (2002). *IT and business models: Concepts and theories*. Malmö: Liber Ekonomi.

Henderson, R. M., & Clark, K. B. (1990). Architecture innovation: The reconfiguration of existing product technologies and the failure of established firms. *Administrative Science Quarterly, 35*(March), 9–30.

Ivey, R. (2016). *AirBnB: Business Model Development and Future Challenges, Version 2016-11-24, Fowler Center Business as an Agent of World Benefit*. Case Western Reserve University, Ivey Publishing, unveröffentlichtes Arbeitspapier.

Kim, W. C., & Mauborgne, R. (2005). *Der Blaue Ozean als Strategie. Wie man neue Märkte schafft, wo es keine Konkurrenz gibt*. München: Hanser.

Labbé, M., & Mazet, T. (2005). Die Geschäftsmodellinnovations-Matrix: Geschäftsmodellinnovationen analysieren und bewerten. *Der Betrieb, 17,*897–902.

Lindner, J. C., & Cantrell, S. (2000). *Changing business models: Surveying the landscape*. Institute for Strategic Change working paper. New York: Accenture.

McGovern, G., & Quelch, J. (2005). Vorteil Outsourcing. *Harvard Business Manager, 2005*(Juli), 2–3.

Morris, M., Schindehutte, M., & Allen, J. (2003). The entrepreneur's business model: Toward a unified perspective. *Journal of Business Research, 2003,* 726–735.

Mozad, A., & Johnson, N. (2016). Why Clayton Christensen is wrong about uber and disruptive innovation. https://techcrunch.com/2016/02/27/why-clayton-christensen-is-wrong-about-uber-and-disruptive-innovation/?guccounter=1. Zugegriffen: 2. Okt. 2018.

Porter, M. E. (1997). Nur Strategie sichert auf Dauer hohe Erträge. *Harvard Business Manager, 1997*(März), 2–17.

Pfeiffer, W. (1980). Innovationsmanagement als Know-how-Management. In D. Hahn (Hrsg.), *Führungsprobleme industrieller Unternehmen* (S. 425–452). Berlin: De Gruyter.

Pfeiffer, W., Weiß, E., Volz, Th, & Wettengl, St. (1997). *Funktionalmarkt-Konzept zum strategischen Management prinzipieller technologischer Innovationen*. Göttingen: Vandenhoeck & Ruprecht.

Raynor, M. E. (2011). *The innovator's manifesto: Deliberate disruption for transformational growth*. New York: CrownBusiness.

Schrage, M. (2014). *The innovator's hypothesis. How cheap experiments are worth more than good ideas*. Cambridge: MIT Press books.

Seung-Hyun, L., Youngkwan, K., Ji Hye, L., & Young-Il, P. (2016). Creative imitation as catch-up strategy: A business model. *Asian Journal of Innovation and Policy, 5*(1), 1–18.

Stähler, P. (2002). *Geschäftsmodelle in der digitalen Ökonomie. Merkmale, Strategien und Auswirkungen*. Lohmar: Eul.

Treacy, M., & Wiersema, F. (1997). *Marktführerschaft: Wege zur Spitze*. München: Campus.

Valdani, E., & Arbore, A. (2007). Strategies of imitation: An insight. *Problems and Perspectives in Management, 5*(3), 198–205.

Wessel, M., & Christensen, C. M. (2013). So überleben Sie disruptive Innovationen. *Harvard Business Manager, 2013*(Februar), 20–31.

Wirtz, B. W. (2011). *Business Model Management. Design – Instrumente – Erfolgsfaktoren von Geschäftsmodellen* (2. Aufl.). Wiesbaden: Springer Gabler.